山西珍贵文物档案

②

山西博物院侯马盟书卷

山西省文物局 编

科学出版社

北 京

图书在版编目（CIP）数据

山西珍贵文物档案. 2 / 山西省文物局编.—北京：科学出版社，2018.6
ISBN 978-7-03-056596-9

Ⅰ.①山… Ⅱ.①山… Ⅲ.①文物–介绍–山西 Ⅳ.①K872.25

中国版本图书馆CIP数据核字（2018）第035438号

责任编辑：张亚娜　樊　鑫／责任校对：邹慧卿
责任印制：肖　兴／书籍设计：李猛工作室

科 学 出 版 社 出版

北京东黄城根北街16号
邮政编码：100717
http://www.sciencep.com

北京华联印刷有限公司 印刷

科学出版社发行　　各地新华书店经销

＊

2018年6月第 一 版　　开本：889×1194　1/16
2018年6月第一次印刷　　印张：16
字数：130 000

定价：300.00元

（如有印装质量问题，我社负责调换）

《山西珍贵文物档案》编辑委员会

凡 例

1. 《山西珍贵文物档案》（以下简称《档案》）是山西省境内国家机关、事业单位、国有企业及国有控股企业收藏的珍贵文物档案。内容包括收藏文物目录、文物基础信息及文物图片。

2. 《档案》中的文物原则上是以历次经国家文物局、省文物局组织专家认定的珍贵文物，包含已在第一次全国可移动文物普查平台上备案的珍贵文物或在普查后新定级的珍贵文物。信息表中的"级"即为所认定珍贵文物的级别。

3. 珍贵文物分类原则上按照国家文物局馆藏分类标准来分类，信息表中以"类"表示。

4. 文物的基础信息包括文物名称，国家普查平台登录号，收藏单位，收藏单位原始编号（或辅助账号、发掘号），级别，分类，尺寸，年代，来源，入藏时间等10项内容。

5. 文物名称原则是依据第一次全国可移动文物普查定名标准定名，但部分文物的定名保留原始账号的名称。

6. 文物单位编号分收藏单位原始编号和国家普查平台登录号，表中"原"为收藏单位原始档案编号，"No"是国家可移动文物普查平台登录号。

7. 年代采用中国史学界公认的纪年，古人类和古脊椎动物化石地点使用地质年代，史前文物使用考古学年代，历史文物使用王朝年代，纪年确切的用公元纪年表示，个别判定不清年代的文物用"年代不详"表示。信息中的"代"是指文物本体的年代，各类文物年代按时代早晚顺序排列。

8. 信息表中的"源"是指现收藏单位获得文物的来源，"入"是指馆藏文物单位登记入库的时间。

9. 文物本体尺寸，依照第一次全国可移动文物普查的标准测量，信息表中的"cm"是指文物本体尺寸，以厘米计量。

《山西珍贵文物档案》编辑委员会

前　言

　　人类对文物艺术品的收藏由来已久，从私人收藏、欣赏、研究，发展到创办博物馆向公众开放，走过了悠悠数千年的漫长道路。文物藏品是博物馆工作的物质基础，妥善保护和管理博物馆藏品，并在此基础上拓展其用途，使之更好地为公众和社会发展服务，这应当是博物馆以及其他文物收藏单位藏品管理工作的出发点和落脚点。

　　博物馆藏品管理是伴随着博物馆的出现而"与生俱来"的，世界各国大都经历了对藏品认识的不断深化，不断走向规范化、制度化和科学化的发展过程。中国的博物馆事业与西方国家相比起步较晚，直到 21 世纪才步入了快速发展的新时期。1982 年颁布的《中华人民共和国文物保护法》规定："历史上各时代重要实物、艺术品、文献、手稿、图书资料、代表性实物等可移动文物，分为珍贵文物和一般文物；珍贵文物分为一级文物、二级文物、三级文物"；"博物馆、图书馆和其他文物收藏单位对收藏的文物，必须区分文物等级，设置藏品档案，建立严格的管理制度，并报主管的文物行政部门备案"。同时，对馆藏文物的调拨、举办展览、科学研究、借用、交换、处置、销售、拍卖、出境和馆藏文物的复制、拍摄、拓印也做出了具体规定；1986 年文化部印发《博物馆藏品管理办法》，进一步规定"博物馆对藏品负有科学管理、科学保护、整理研究、公开展出和提供使用（对社会主要是提供展品资料、研究成果）的责任"，要求保管工作必须做到"制度健全、账目清楚、鉴定确切、编目详明、保管妥善、查用方便"。国家法律和规章的出台，使可移动文物的保护管理逐步纳入法制化轨道。

　　2012 年 2 月，《国家"十二五"文化改革发展规划纲要》明确提出"健全文物普查、登记、建档、认定制度，开展可移动文物普查，编制国家珍贵文物名录"。2012 年 10 月，国务院印发《关于开展第一次全国可移动文物普查的通知》。2013 年 3 月，国家普查领导小组办公室向全国印发了《第一次全国可移动文物普查实施方案》。在国家文物局的具体组织下，各级国家机关、事业单位、国有企业及国有控股企业、人民解放军及武警部队按照统一部署，展开了为时 5 年的国有文物普查工作，共调查 102 万个国有单位，普查可移动文物计 10815 万件/套，其中按照普查统一标准登录文物完整信息的有 2661 万件/套（实际数量 6407 万件）。这次普查工作，摸清了我国可移动文物资源的总体情况，新发现一批重要文物，建立起国家文物身份证制度，建设了全国文物资源数据库，为健全国家文物资源管理机制，夯实文物基础工作，全面提升文物保护管理水平奠定了坚实基础。

山西是全国文物大省之一，1919 年设立了山西教育图书博物馆，是创建博物馆较早的省份。新中国成立以后，特别是改革开放和 21 世纪以来，全省博物馆事业得到了快速发展，大量新出土文物、社会征集文物入藏各级国有博物馆和其他文物收藏单位，越来越多的现代化博物馆逐步建成，为馆藏文物的保护、研究、展示、文化传播提供了前所未有的条件和基础。但不容忽视的是，也有许多文物收藏单位，因专业力量薄弱、保藏条件有限，藏品管理存在管理理念落后，管理职责不明，制度规范落实不到位，藏品记录不完备，文物分级管理底数不清，档案缺失等诸多问题，给馆藏文物的依法管理、文物藏品的展示利用、文物安全和责任追究带来很多困难和问题。就山西而言，在"一普"之前，珍贵文物的底数始终不清晰，有记载的鉴定定级工作大致如下：

20 世纪 80 年代以前，全省博物馆数量较少，除几个省市级博物馆自行做过一些鉴定定级工作外，没有开展过全省范围的鉴定定级工作。1987~1989 年，省文物局组织开展了一次全省文物系统馆藏文物的鉴定定级工作，对全省文物收藏单位进行文物建档起到了积极的推动作用，遗憾的是，鉴定结束后未形成文件下发收藏单位。1997~1998 年，国家文物局组织文物鉴定委员会专家对我省的鉴定定级成果进行了一次系统梳理和专业确认，奠定了我省珍贵文物定级的基础和范例。2001~2006 年，我省承担财政部、国家文物局馆藏文物数字化和数据库建设试点任务，对录入数据库的 120 万件文物进行了核查，补充了部分珍贵文物信息资料，编印了《山西馆藏一级文物》图录，上报国家文物局备案。

2012~2016 年开展的第一次全国可移动文物普查，是山西全省范围内开展的规模最大、时间最久、效果最好的可移动文物管理的基础性工作。41316 家在晋国家机关、事业单位、国有企业及国有控股企业都纳入了此次普查范围。核定文物收藏单位 413 家，认定并登录文物数据 653100 多条（件/套），实际文物 320 多万件，其中珍贵文物近 6 万件。

珍贵文物是所有文物藏品中的重中之重。在普查后期开展的数据核查过程中，我们清楚地认识到，我省现有珍贵文物在鉴定定级记录、收藏档案记录、账实是否相符、信息是否完备等方面还存在一些问题，我们有责任按照《中华人民共和国文物保护法》的要求，继续对珍贵文物的收藏情况、鉴定定级情况、信息记录资料、收藏流转情况等做出进一步核对和完善，并及时将文物档案的主要信息公之于众，以提升公共文化服务的能力和水平。

文物承载灿烂文明，传承历史文化，维系民族精神，是老祖宗留给我们的宝贵遗产，是加强社会主义精神文明建设的深厚滋养。保护好、管理好、利用好、传承好历史文物，是新时代社会主义文博工作的重大使命。为了实现这一目标，我省经过认真分析研究，决定在加强管理的基础上，按照现行管理体制，由省级到市县，从一级文物入手，然后二级、三级，逐步整理、编辑出版《山西珍贵文物档案》（以下简称《档案》），同时利用编印《档案》的任务压力，反过来助推藏品日常管理的精细化和藏品档案的建立健全。我们希望这套《档案》能成为全省文物单位依法保护、管理、利用珍贵文物的工具书，同时也能有利于文物信息的社会共享，起到公共文化服务的积极作用。

编辑出版文物档案，没有先例可循，我们只是因着粗浅的认识和责任担当意识抛砖引玉，为全国同行探路试水，因此缺点和错误定所难免。真诚希望国家文物局和专家学者批评指正，使我们在今后的工作中不断改进。

目 录

春秋 随形侯马盟书

- No 1401092180001600127231
- 藏 山西博物院
- 原 S.2136
- 级 一级
- 类 档案文书
- 代 春秋
- cm 长 10.5，宽 6.6
- 源 1965 年山西省侯马晋国遗址出土
- 入 1978 年

春秋 璋形侯马盟书

- No 1401092180001600136308
- 藏 山西博物院
- 原 S.2001
- 级 一级
- 类 档案文书
- 代 春秋
- cm 长 23，宽 1.8
- 源 1965 年山西省侯马晋国遗址出土
- 入 1978 年

春秋 璋形侯马盟书

- No 1401092180001600137264
- 藏 山西博物院
- 原 S.2002
- 级 一级
- 类 档案文书
- 代 春秋
- cm 长 21，宽 1.8
- 源 1965 年山西省侯马晋国遗址出土
- 入 1978 年

春秋 条形侯马盟书

No 14010921800016001 37319

藏 山西博物院

原 S.2003

级 一级

类 档案文书

代 春秋

cm 长 22，宽 2

源 1965 年山西省侯马晋国遗址出土

入 1978 年

春秋 条形侯马盟书

No 14010921800016001 37410

藏 山西博物院

原 S.2004

级 一级

类 档案文书

代 春秋

cm 长 21.6，宽 1.7

源 1965 年山西省侯马晋国遗址出土

入 1978 年

春秋 璋形侯马盟书

No 14010921800016001 37419

藏 山西博物院

原 S.2005

级 一级

类 档案文书

代 春秋

cm 长 19.5，宽 2

源 1965 年山西省侯马晋国遗址出土

入 1978 年

春秋 璋形侯马盟书

- No 1401092180001600136288
- 藏 山西博物院
- 原 S.2006
- 级 一级
- 类 档案文书
- 代 春秋
- cm 长 19.1，宽 1.8
- 源 1965 年山西省侯马晋国遗址出土
- 入 1978 年

春秋 璋形侯马盟书

- No 1401092180001600137725
- 藏 山西博物院
- 原 S.2007
- 级 一级
- 类 档案文书
- 代 春秋
- cm 长 19.5，宽 1.2
- 源 1965 年山西省侯马晋国遗址出土
- 入 1978 年

春秋 条形侯马盟书

- No 1401092180001600137142
- 藏 山西博物院
- 原 S.2008
- 级 一级
- 类 档案文书
- 代 春秋
- cm 长 18.8，宽 1.7
- 源 1965 年山西省侯马晋国遗址出土
- 入 1978 年

春秋　璋形侯马盟书

No 14010921800016000135183

藏 山西博物院

原 S.2009

级 一级

类 档案文书

代 春秋

cm 长 18.5，宽 1.7

源 1965 年山西省侯马晋国遗址出土

入 1978 年

春秋　圭形侯马盟书

No 14010921800016000137307

藏 山西博物院

原 S.2010

级 一级

类 档案文书

代 春秋

cm 长 19.1，宽 1.8

源 1965 年山西省侯马晋国遗址出土

入 1978 年

春秋　璋形侯马盟书

No 14010921800016000137076

藏 山西博物院

原 S.2011

级 一级

类 档案文书

代 春秋

cm 长 19.3，宽 2

源 1965 年山西省侯马晋国遗址出土

入 1978 年

春秋 条形侯马盟书

No 14010921800001600136532

藏 山西博物院

原 S.2012

级 一级

类 档案文书

代 春秋

cm 长 18.8，宽 1.9

源 1965 年山西省侯马晋国遗址出土

入 1978 年

春秋 璋形侯马盟书

No 14010921800001600137451

藏 山西博物院

原 S.2013

级 一级

类 档案文书

代 春秋

cm 长 18.5，宽 1.7

源 1965 年山西省侯马晋国遗址出土

入 1978 年

春秋 璋形侯马盟书

No 14010921800001600137063

藏 山西博物院

原 S.2014

级 一级

类 档案文书

代 春秋

cm 长 17.8，宽 1.6

源 1965 年山西省侯马晋国遗址出土

入 1978 年

春秋　璋形侯马盟书

- No 1401092180001600137401
- 藏 山西博物院
- 原 S.2015
- 级 一级
- 类 档案文书
- 代 春秋
- cm 长 17.6，宽 1.5
- 源 1965 年山西省侯马晋国遗址出土
- 入 1978 年

春秋　条形侯马盟书

- No 1401092180001600137304
- 藏 山西博物院
- 原 S.2016
- 级 一级
- 类 档案文书
- 代 春秋
- cm 长 17.7，宽 1.4
- 源 1965 年山西省侯马晋国遗址出土
- 入 1978 年

春秋　璋形侯马盟书

- No 1401092180001600137293
- 藏 山西博物院
- 原 S.2017
- 级 一级
- 类 档案文书
- 代 春秋
- cm 长 15.9，宽 1.5
- 源 1965 年山西省侯马晋国遗址出土
- 入 1978 年

春秋 璋形侯马盟书

No 1401092180001600136477

藏 山西博物院

原 S.2018

级 一级

类 档案文书

代 春秋

cm 长 16.5，宽 1.5

源 1965 年山西省侯马晋国遗址出土

入 1978 年

春秋 条形侯马盟书

No 1401092180001600136503

藏 山西博物院

原 S.2019

级 一级

类 档案文书

代 春秋

cm 长 20.8，宽 1.9

源 1965 年山西省侯马晋国遗址出土

入 1978 年

春秋 璋形侯马盟书

No 1401092180001600059637

藏 山西博物院

原 S.2020

级 一级

类 档案文书

代 春秋

cm 长 21.3，宽 1.7

源 1965 年山西省侯马晋国遗址出土

入 1978 年

春秋 璋形侯马盟书

Ⓝ 14010921800016001370 71

藏 山西博物院

原 S.2021

级 一级

类 档案文书

代 春秋

㎝ 长 19.3，宽 1.9

源 1965 年山西省侯马晋国遗址出土

入 1978 年

春秋 璋形侯马盟书

Ⓝ 14010921800016001370 49

藏 山西博物院

原 S.2022

级 一级

类 档案文书

代 春秋

㎝ 长 19.2，宽 1.7

源 1965 年山西省侯马晋国遗址出土

入 1978 年

春秋 条形侯马盟书

Ⓝ 14010921800016001375 30

藏 山西博物院

原 S.2023

级 一级

类 档案文书

代 春秋

㎝ 长 13，宽 1.5

源 1965 年山西省侯马晋国遗址出土

入 1978 年

春秋 璋形侯马盟书

No 14010921800016001370 98

藏 山西博物院

原 S.2024

级 一级

类 档案文书

代 春秋

cm 长 17.2，宽 1.4

源 1965 年山西省侯马晋国遗址出土

入 1978 年

春秋 条形侯马盟书

No 14010921800016001373 48

藏 山西博物院

原 S.2025

级 一级

类 档案文书

代 春秋

cm 长 19.5，宽 1.6

源 1965 年山西省侯马晋国遗址出土

入 1978 年

春秋 璋形侯马盟书

No 14010921800016001371 50

藏 山西博物院

原 S.2026

级 一级

类 档案文书

代 春秋

cm 长 19，宽 1.8

源 1965 年山西省侯马晋国遗址出土

入 1978 年

春秋　圭形侯马盟书

Ⓝ 1401092180001600137328

㊟ 山西博物院

㋶ S.2027

㉾ 一级

㉝ 档案文书

㈹ 春秋

㎝ 长 17.5，宽 1.5

㋲ 1965 年山西省侯马晋国遗址出土

㋹ 1978 年

春秋　璋形侯马盟书

Ⓝ 1401092180001600114647

㊟ 山西博物院

㋶ S.2028

㉾ 一级

㉝ 档案文书

㈹ 春秋

㎝ 长 18.5，宽 2.1

㋲ 1965 年山西省侯马晋国遗址出土

㋹ 1978 年

春秋　璋形侯马盟书

Ⓝ 1401092180001600137252

㊟ 山西博物院

㋶ S.2029

㉾ 一级

㉝ 档案文书

㈹ 春秋

㎝ 长 18.7，宽 1.6

㋲ 1965 年山西省侯马晋国遗址出土

㋹ 1978 年

春秋 璋形侯马盟书

No 1401092180001600134645

藏 山西博物院

原 S.2030

级 一级

类 档案文书

代 春秋

cm 长 18.6，宽 1.6

源 1965 年山西省侯马晋国遗址出土

入 1978 年

春秋 璋形侯马盟书

No 1401092180001600137097

藏 山西博物院

原 S.2031

级 一级

类 档案文书

代 春秋

cm 长 18.7，宽 1.6

源 1965 年山西省侯马晋国遗址出土

入 1978 年

春秋 璋形侯马盟书

No 1401092180001600136502

藏 山西博物院

原 S.2032

级 一级

类 档案文书

代 春秋

cm 长 17，宽 1.6

源 1965 年山西省侯马晋国遗址出土

入 1978 年

春秋 璋形侯马盟书

No 14010921800016001136525

藏 山西博物院

原 S.2033

级 一级

类 档案文书

代 春秋

cm 长 16.1，宽 1.5

源 1965 年山西省侯马晋国遗址出土

入 1978 年

春秋 条形侯马盟书

No 14010921800016001137344

藏 山西博物院

原 S.2034

级 一级

类 档案文书

代 春秋

cm 长 16.8，宽 1.5

源 1965 年山西省侯马晋国遗址出土

入 1978 年

春秋 璋形侯马盟书

No 14010921800016001137317

藏 山西博物院

原 S.2035

级 一级

类 档案文书

代 春秋

cm 长 17.1，宽 1.5

源 1965 年山西省侯马晋国遗址出土

入 1978 年

春秋 璋形侯马盟书

🆔 1401092180001600137533

🏛 山西博物院

原 S.2036

级 一级

类 档案文书

代 春秋

cm 长 17.7，宽 1.5

源 1965 年山西省侯马晋国遗址出土

入 1978 年

春秋 条形侯马盟书

🆔 1401092180001600137351

🏛 山西博物院

原 S.2037

级 一级

类 档案文书

代 春秋

cm 长 15.4，宽 1.8

源 1965 年山西省侯马晋国遗址出土

入 1978 年

春秋 璋形侯马盟书

🆔 1401092180001600135195

🏛 山西博物院

原 S.2038

级 一级

类 档案文书

代 春秋

cm 长 15.3，宽 1.5

源 1965 年山西省侯马晋国遗址出土

入 1978 年

春秋 璋形侯马盟书

- No 14010921800016001137357
- 藏 山西博物院
- 原 S.2039
- 级 一级
- 类 档案文书
- 代 春秋
- cm 长 15.6，宽 1.5
- 源 1965 年山西省侯马晋国遗址出土
- 入 1978 年

春秋 璋形侯马盟书

- No 14010921800016001127168
- 藏 山西博物院
- 原 S.2040
- 级 一级
- 类 档案文书
- 代 春秋
- cm 长 14.1，宽 1.5
- 源 1965 年山西省侯马晋国遗址出土
- 入 1978 年

春秋 璋形侯马盟书

- No 14010921800016001137389
- 藏 山西博物院
- 原 S.2041
- 级 一级
- 类 档案文书
- 代 春秋
- cm 长 13.7，宽 1.4
- 源 1965 年山西省侯马晋国遗址出土
- 入 1978 年

春秋 璋形侯马盟书

No 14010921800016001374000

藏 山西博物院

原 S.2042

级 一级

类 档案文书

代 春秋

cm 长 13.7，宽 1.3

源 1965 年山西省侯马晋国遗址出土

入 1978 年

春秋 条形侯马盟书

No 14010921800016001371300

藏 山西博物院

原 S.2043

级 一级

类 档案文书

代 春秋

cm 长 17.8，宽 1.8

源 1965 年山西省侯马晋国遗址出土

入 1978 年

春秋 璋形侯马盟书

No 14010921800016001371150

藏 山西博物院

原 S.2044

级 一级

类 档案文书

代 春秋

cm 长 17.4，宽 1.5

源 1965 年山西省侯马晋国遗址出土

入 1978 年

春秋 条形侯马盟书

No 14010921800016000137089

藏 山西博物院

原 S.2045

级 一级

类 档案文书

代 春秋

cm 长 16.8，宽 1.8

源 1965 年山西省侯马晋国遗址出土

入 1978 年

春秋 条形侯马盟书

No 14010921800016000137136

藏 山西博物院

原 S.2046

级 一级

类 档案文书

代 春秋

cm 长 15，宽 1.6

源 1965 年山西省侯马晋国遗址出土

入 1978 年

春秋 璋形侯马盟书

No 14010921800016000137380

藏 山西博物院

原 S.2047

级 一级

类 档案文书

代 春秋

cm 长 15.2，宽 1.6

源 1965 年山西省侯马晋国遗址出土

入 1978 年

春秋　璋形侯马盟书

No 14010921800016000137151

藏 山西博物院

原 S.2048

级 一级

类 档案文书

代 春秋

cm 长 14.5，宽 1.7

源 1965 年山西省侯马晋国遗址出土

入 1978 年

春秋　条形侯马盟书

No 14010921800016000137498

藏 山西博物院

原 S.2049

级 一级

类 档案文书

代 春秋

cm 长 13.8，宽 1.7

源 1965 年山西省侯马晋国遗址出土

入 1978 年

春秋　璋形侯马盟书

No 14010921800016000135201

藏 山西博物院

原 S.2050

级 一级

类 档案文书

代 春秋

cm 长 15，宽 1.4

源 1965 年山西省侯马晋国遗址出土

入 1978 年

春秋 璋形侯马盟书

- No 14010921800016 00135216
- 藏 山西博物院
- 原 S.2051
- 级 一级
- 类 档案文书
- 代 春秋
- cm 长 14.8，宽 1.3
- 源 1965 年山西省侯马晋国遗址出土
- 入 1978 年

春秋 璋形侯马盟书

- No 14010921800016 00137272
- 藏 山西博物院
- 原 S.2052
- 级 一级
- 类 档案文书
- 代 春秋
- cm 长 13.2，宽 1.6
- 源 1965 年山西省侯马晋国遗址出土
- 入 1978 年

春秋 璋形侯马盟书

- No 14010921800016 00136540
- 藏 山西博物院
- 原 S.2053
- 级 一级
- 类 档案文书
- 代 春秋
- cm 长 18.8，宽 1.5
- 源 1965 年山西省侯马晋国遗址出土
- 入 1978 年

春秋 条形侯马盟书

No 1401092180001600137465

藏 山西博物院

原 S.2054

级 一级

类 档案文书

代 春秋

cm 长 13.5，宽 1.5

源 1965 年山西省侯马晋国遗址出土

入 1978 年

春秋 圭形侯马盟书

No 1401092180001600137352

藏 山西博物院

原 S.2055

级 一级

类 档案文书

代 春秋

cm 长 13，宽 1.5

源 1965 年山西省侯马晋国遗址出土

入 1978 年

春秋 条形侯马盟书

No 1401092180001600137276

藏 山西博物院

原 S.2056

级 一级

类 档案文书

代 春秋

cm 长 8，宽 1.5

源 1965 年山西省侯马晋国遗址出土

入 1978 年

春秋　条形侯马盟书

- No 14010921800016001373 50
- 藏 山西博物院
- 原 S.2057
- 级 一级
- 类 档案文书
- 代 春秋
- cm 长 8.7，宽 1.4
- 源 1965 年山西省侯马晋国遗址出土
- 入 1978 年

春秋　璋形侯马盟书

- No 14010921800016001373 94
- 藏 山西博物院
- 原 S.2058
- 级 一级
- 类 档案文书
- 代 春秋
- cm 长 9，宽 1.4
- 源 1965 年山西省侯马晋国遗址出土
- 入 1978 年

春秋　璋形侯马盟书

- No 14010921800016001271 90
- 藏 山西博物院
- 原 S.2059
- 级 一级
- 类 档案文书
- 代 春秋
- cm 长 13.5，宽 1.6
- 源 1965 年山西省侯马晋国遗址出土
- 入 1978 年

春秋 璋形侯马盟书

Ⓝ 1401092180001600136481⸺

Ⓐ 山西博物院

Ⓞ S.2060

Ⓖ 一级

Ⓣ 档案文书

Ⓒ 春秋

㎝ 长 13.2，宽 1.8

Ⓢ 1965 年山西省侯马晋国遗址出土

Ⓘ 1978 年

春秋 璋形侯马盟书

Ⓝ 1401092180001600137109

Ⓐ 山西博物院

Ⓞ S.2061

Ⓖ 一级

Ⓣ 档案文书

Ⓒ 春秋

㎝ 长 12.2，宽 1.1

Ⓢ 1965 年山西省侯马晋国遗址出土

Ⓘ 1978 年

春秋 璋形侯马盟书

Ⓝ 1401092180001600137345

Ⓐ 山西博物院

Ⓞ S.2062

Ⓖ 一级

Ⓣ 档案文书

Ⓒ 春秋

㎝ 长 9.9，宽 1.8

Ⓢ 1965 年山西省侯马晋国遗址出土

Ⓘ 1978 年

春秋 璋形侯马盟书

- No 14010921800016001371140
- 藏 山西博物院
- 原 S.2063
- 级 一级
- 类 档案文书
- 代 春秋
- cm 长9，宽1.4
- 源 1965年山西省侯马晋国遗址出土
- 入 1978年

春秋 条形侯马盟书

- No 14010921800016001373312
- 藏 山西博物院
- 原 S.2064
- 级 一级
- 类 档案文书
- 代 春秋
- cm 长10.3，宽1.8
- 源 1965年山西省侯马晋国遗址出土
- 入 1978年

春秋 条形侯马盟书

- No 14010921800016001363144
- 藏 山西博物院
- 原 S.2065
- 级 一级
- 类 档案文书
- 代 春秋
- cm 长11，宽1.7
- 源 1965年山西省侯马晋国遗址出土
- 入 1978年

春秋 璋形侯马盟书

- ⚙ 14010921800016000136322
- 藏 山西博物院
- 原 S.2066
- 级 一级
- 类 档案文书
- 代 春秋
- cm 长 10，宽 1.6
- 源 1965 年山西省侯马晋国遗址出土
- 入 1978 年

春秋 璋形侯马盟书

- ⚙ 14010921800016000136494
- 藏 山西博物院
- 原 S.2067
- 级 一级
- 类 档案文书
- 代 春秋
- cm 长 10.8，宽 1.8
- 源 1965 年山西省侯马晋国遗址出土
- 入 1978 年

春秋 条形侯马盟书

- ⚙ 14010921800016000137421
- 藏 山西博物院
- 原 S.2068
- 级 一级
- 类 档案文书
- 代 春秋
- cm 长 12.2，宽 1.4
- 源 1965 年山西省侯马晋国遗址出土
- 入 1978 年

春秋 条形侯马盟书

- No 14010921800016001374449
- 藏 山西博物院
- 原 S.2069
- 级 一级
- 类 档案文书
- 代 春秋
- cm 长 12，宽 1.4
- 源 1965 年山西省侯马晋国遗址出土
- 入 1978 年

春秋 璋形侯马盟书

- No 14010921800016001366293
- 藏 山西博物院
- 原 S.2070
- 级 一级
- 类 档案文书
- 代 春秋
- cm 长 11.8，宽 1.9
- 源 1965 年山西省侯马晋国遗址出土
- 入 1978 年

春秋 条形侯马盟书

- No 14010921800016001377727
- 藏 山西博物院
- 原 S.2071
- 级 一级
- 类 档案文书
- 代 春秋
- cm 长 10，宽 1.3
- 源 1965 年山西省侯马晋国遗址出土
- 入 1978 年

春秋 条形侯马盟书

No 14010921800016000136486

藏 山西博物院

原 S.2072

级 一级

类 档案文书

代 春秋

cm 长 8.7，宽 1.5

源 1965 年山西省侯马晋国遗址出土

入 1978 年

春秋 条形侯马盟书

No 14010921800016000137683

藏 山西博物院

原 S.2073

级 一级

类 档案文书

代 春秋

cm 长 8.5，宽 1.8

源 1965 年山西省侯马晋国遗址出土

入 1978 年

春秋 璋形侯马盟书

No 14010921800016000137435

藏 山西博物院

原 S.2074

级 一级

类 档案文书

代 春秋

cm 长 4.5，宽 1.4

源 1965 年山西省侯马晋国遗址出土

入 1978 年

春秋 璋形侯马盟书

Ⓝ 14010921800016000137325

藏 山西博物院

原 S.2075

级 一级

类 档案文书

代 春秋

㎝ 长 3.6，宽 1.4

源 1965 年山西省侯马晋国遗址出土

入 1978 年

春秋 璋形侯马盟书

Ⓝ 14010921800016000137127

藏 山西博物院

原 S.2076

级 一级

类 档案文书

代 春秋

㎝ 长 5.8，宽 1.6

源 1965 年山西省侯马晋国遗址出土

入 1978 年

春秋 璋形侯马盟书

Ⓝ 14010921800016000137540

藏 山西博物院

原 S.2077

级 一级

类 档案文书

代 春秋

㎝ 长 8.2，宽 1.4

源 1965 年山西省侯马晋国遗址出土

入 1978 年

春秋 条形侯马盟书

No 14010921800016001352 19

藏 山西博物院

原 S.2078

级 一级

类 档案文书

代 春秋

cm 长 8.3，宽 1.6

源 1965 年山西省侯马晋国遗址出土

入 1978 年

春秋 璋形侯马盟书

No 14010921800016001374 06

藏 山西博物院

原 S.2079

级 一级

类 档案文书

代 春秋

cm 长 9，宽 1.6

源 1965 年山西省侯马晋国遗址出土

入 1978 年

春秋 条形侯马盟书

No 14010921800016001375 37

藏 山西博物院

原 S.2080

级 一级

类 档案文书

代 春秋

cm 长 10.9，宽 1.5

源 1965 年山西省侯马晋国遗址出土

入 1978 年

春秋 璋形侯马盟书

No 1401092180001600137090

藏 山西博物院

原 S.2081

级 一级

类 档案文书

代 春秋

cm 长 10.1，宽 1.5

源 1965 年山西省侯马晋国遗址出土

入 1978 年

春秋 条形侯马盟书

No 1401092180001600137337

藏 山西博物院

原 S.2082

级 一级

类 档案文书

代 春秋

cm 长 8，宽 1.4

源 1965 年山西省侯马晋国遗址出土

入 1978 年

春秋 条形侯马盟书

No 1401092180001600137459

藏 山西博物院

原 S.2083

级 一级

类 档案文书

代 春秋

cm 长 7.5，宽 1.4

源 1965 年山西省侯马晋国遗址出土

入 1978 年

春秋 圭形侯马盟书

Ⓝ 140109218000160013**7405**

藏 山西博物院

原 S.2084

级 一级

类 档案文书

代 春秋

㎝ 长 11.6，宽 1.6

源 1965 年山西省侯马晋国遗址出土

入 1978 年

春秋 圭形侯马盟书

Ⓝ 140109218000160013**7698**

藏 山西博物院

原 S.2085

级 一级

类 档案文书

代 春秋

㎝ 长 10.2，宽 1.6

源 1965 年山西省侯马晋国遗址出土

入 1978 年

春秋 圭形侯马盟书

Ⓝ 140109218000160013**7113**

藏 山西博物院

原 S.2086

级 一级

类 档案文书

代 春秋

㎝ 长 9.8，宽 1.6

源 1965 年山西省侯马晋国遗址出土

入 1978 年

春秋 圭形侯马盟书

No 1401092180001600137471

藏 山西博物院

原 S.2087

级 一级

类 档案文书

代 春秋

cm 长 10.3，宽 1.6

源 1965 年山西省侯马晋国遗址出土

入 1978 年

春秋 圭形侯马盟书

No 1401092180001600137088

藏 山西博物院

原 S.2088

级 一级

类 档案文书

代 春秋

cm 长 20.7，宽 1.6

源 1965 年山西省侯马晋国遗址出土

入 1978 年

春秋 圭形侯马盟书

No 1401092180001600137100

藏 山西博物院

原 S.2089

级 一级

类 档案文书

代 春秋

cm 长 19.6，宽 1.8

源 1965 年山西省侯马晋国遗址出土

入 1978 年

春秋 圭形侯马盟书

Ⓝ 14010921800016001363l0

🅐 山西博物院

🅞 S.2090

🅖 一级

🅒 档案文书

🅒 春秋

㎝ 长 17.7，宽 1.5

🅢 1965 年山西省侯马晋国遗址出土

🅙 1978 年

春秋 圭形侯马盟书

Ⓝ 14010921800016001370173

🅐 山西博物院

🅞 S.2091

🅖 一级

🅒 档案文书

🅒 春秋

㎝ 长 15.6，宽 1.7

🅢 1965 年山西省侯马晋国遗址出土

🅙 1978 年

春秋 圭形侯马盟书

Ⓝ 14010921800016001376663

🅐 山西博物院

🅞 S.2092

🅖 一级

🅒 档案文书

🅒 春秋

㎝ 长 14.8，宽 1.7

🅢 1965 年山西省侯马晋国遗址出土

🅙 1978 年

春秋 圭形侯马盟书

- No 1401092180001600137356
- 藏 山西博物院
- 原 S.2093
- 级 一级
- 类 档案文书
- 代 春秋
- cm 长 13.2，宽 1.4
- 源 1965 年山西省侯马晋国遗址出土
- 入 1978 年

春秋 圭形侯马盟书

- No 1401092180001600136497
- 藏 山西博物院
- 原 S.2094
- 级 一级
- 类 档案文书
- 代 春秋
- cm 长 16.5，宽 1.5
- 源 1965 年山西省侯马晋国遗址出土
- 入 1978 年

春秋 圭形侯马盟书

- No 1401092180001600136305
- 藏 山西博物院
- 原 S.2095
- 级 一级
- 类 档案文书
- 代 春秋
- cm 长 16.5，宽 1.6
- 源 1965 年山西省侯马晋国遗址出土
- 入 1978 年

春秋 圭形侯马盟书

- No 14010921800016001374441
- 藏 山西博物院
- 原 S.2096
- 级 一级
- 类 档案文书
- 代 春秋
- cm 长 14.7，宽 1.8
- 源 1965 年山西省侯马晋国遗址出土
- 入 1978 年

春秋 圭形侯马盟书

- No 14010921800016001374464
- 藏 山西博物院
- 原 S.2097
- 级 一级
- 类 档案文书
- 代 春秋
- cm 长 6.2，宽 1.5
- 源 1965 年山西省侯马晋国遗址出土
- 入 1978 年

春秋 圭形侯马盟书

- No 14010921800016001375512
- 藏 山西博物院
- 原 S.2098
- 级 一级
- 类 档案文书
- 代 春秋
- cm 长 6，宽 1.5
- 源 1965 年山西省侯马晋国遗址出土
- 入 1978 年

春秋　圭形侯马盟书

No 14010921800016001374П

藏 山西博物院

原 S.2099

级 一级

类 档案文书

代 春秋

cm 长 11.8，宽 1.6

源 1965 年山西省侯马晋国遗址出土

入 1978 年

春秋　圭形侯马盟书

No 14010921800016001374З6

藏 山西博物院

原 S.2100

级 一级

类 档案文书

代 春秋

cm 长 9.8，宽 1.6

源 1965 年山西省侯马晋国遗址出土

入 1978 年

春秋　圭形侯马盟书

No 14010921800016001З5642

藏 山西博物院

原 S.2101

级 一级

类 档案文书

代 春秋

cm 长 18.4，宽 1.5

源 1965 年山西省侯马晋国遗址出土

入 1978 年

春秋　圭形侯马盟书

- Ⓝ 14010921800016001365 47
- 藏 山西博物院
- 原 S.2102
- 级 一级
- 类 档案文书
- 代 春秋
- ㎝ 长 8.2，宽 1.4
- 源 1965 年山西省侯马晋国遗址出土
- 入 1978 年

春秋　圭形侯马盟书

- Ⓝ 14010921800016001356 28
- 藏 山西博物院
- 原 S.2103
- 级 一级
- 类 档案文书
- 代 春秋
- ㎝ 长 8.7，宽 1.5
- 源 1965 年山西省侯马晋国遗址出土
- 入 1978 年

春秋　圭形侯马盟书

- Ⓝ 14010921800016001373 63
- 藏 山西博物院
- 原 S.2104
- 级 一级
- 类 档案文书
- 代 春秋
- ㎝ 长 11.8，宽 2.5
- 源 1965 年山西省侯马晋国遗址出土
- 入 1978 年

春秋　圭形侯马盟书

No 14010921800016600137671

藏 山西博物院

原 S.2105

级 一级

类 档案文书

代 春秋

cm 长 9.9，宽 2.6

源 1965 年山西省侯马晋国遗址出土

入 1978 年

春秋　圭形侯马盟书

No 14010921800016600137260

藏 山西博物院

原 S.2177

级 一级

类 档案文书

代 春秋

cm 长 6.3，宽 1.5

源 1965 年山西省侯马晋国遗址出土

入 1978 年

春秋　圭形侯马盟书

No 14010921800016600137125

藏 山西博物院

原 S.2178

级 一级

类 档案文书

代 春秋

cm 长 7.4，宽 1.6

源 1965 年山西省侯马晋国遗址出土

入 1978 年

春秋 条形侯马盟书

Ⓝ 14010921800016001365 20

藏 山西博物院

原 S.2179

级 一级

类 档案文书

代 春秋

㎝ 长 8.1，宽 1.7

源 1965 年山西省侯马晋国遗址出土

入 1978 年

春秋 条形侯马盟书

Ⓝ 14010921800016001372 95

藏 山西博物院

原 S.2180

级 一级

类 档案文书

代 春秋

㎝ 长 4.3，宽 1.9

源 1965 年山西省侯马晋国遗址出土

入 1978 年

春秋 圭形侯马盟书

Ⓝ 14010921800016001365 30

藏 山西博物院

原 S.2181

级 一级

类 档案文书

代 春秋

㎝ 长 5.5，宽 1.6

源 1965 年山西省侯马晋国遗址出土

入 1978 年

春秋 圭形侯马盟书

- No 14010921800016001 37266
- 藏 山西博物院
- 原 S.2182
- 级 一级
- 类 档案文书
- 代 春秋
- cm 长 2.3，宽 1.5
- 源 1965 年山西省侯马晋国遗址出土
- 入 1978 年

春秋 条形侯马盟书

- No 14010921800016001 37353
- 藏 山西博物院
- 原 S.2183
- 级 一级
- 类 档案文书
- 代 春秋
- cm 长 4.1，宽 1.7
- 源 1965 年山西省侯马晋国遗址出土
- 入 1978 年

春秋 璋形侯马盟书

- No 14010921800016001 37497
- 藏 山西博物院
- 原 S.2184
- 级 一级
- 类 档案文书
- 代 春秋
- cm 长 4，宽 1.5
- 源 1965 年山西省侯马晋国遗址出土
- 入 1978 年

春秋　圭形侯马盟书

- No 14010921800016001373333
- 藏 山西博物院
- 原 S.2185
- 级 一级
- 类 档案文书
- 代 春秋
- cm 长 5.4，宽 2
- 源 1965 年山西省侯马晋国遗址出土
- 入 1978 年

春秋　条形侯马盟书

- No 14010921800016001374788
- 藏 山西博物院
- 原 S.2186
- 级 一级
- 类 档案文书
- 代 春秋
- cm 长 3.7，宽 1.5
- 源 1965 年山西省侯马晋国遗址出土
- 入 1978 年

春秋　条形侯马盟书

- No 14010921800016001375155
- 藏 山西博物院
- 原 S.2187
- 级 一级
- 类 档案文书
- 代 春秋
- cm 长 3.9，宽 1.8
- 源 1965 年山西省侯马晋国遗址出土
- 入 1978 年

春秋 随形侯马盟书

- ⓃⓄ 1401092180001600137469
- 藏 山西博物院
- 原 S.2188
- 级 一级
- 类 档案文书
- 代 春秋
- cm 长 6.9，宽 3.3
- 源 1965 年山西省侯马晋国遗址出土
- 入 1978 年

春秋 随形侯马盟书

- ⓃⓄ 1401092180001600135210
- 藏 山西博物院
- 原 S.2189
- 级 一级
- 类 档案文书
- 代 春秋
- cm 长 2.8，宽 2.7
- 源 1965 年山西省侯马晋国遗址出土
- 入 1978 年

春秋 随形侯马盟书

- ⓃⓄ 1401092180001600137670
- 藏 山西博物院
- 原 S.2565
- 级 一级
- 类 档案文书
- 代 春秋
- cm 长 7.8，宽 4.8
- 源 1965 年山西省侯马晋国遗址出土
- 入 1978 年

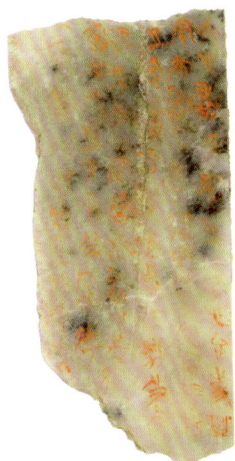

春秋 随形侯马盟书

No 14010921800016001370082

藏 山西博物院

原 S.2566

级 一级

类 档案文书

代 春秋

cm 长 6.9，宽 3.5

源 1965 年山西省侯马晋国遗址出土

入 1978 年

春秋 随形侯马盟书

No 14010921800016000135634

藏 山西博物院

原 S.2567

级 一级

类 档案文书

代 春秋

cm 长 7.4，宽 5.2

源 1965 年山西省侯马晋国遗址出土

入 1978 年

春秋 随形侯马盟书

No 14010921800016000137116

藏 山西博物院

原 S.2568

级 一级

类 档案文书

代 春秋

cm 长 7.7，宽 2

源 1965 年山西省侯马晋国遗址出土

入 1978 年

春秋　随形侯马盟书

Ⓝ 14010921800016001365343

㊥ 山西博物院

⑲ S.2569

⑭ 一级

㊣ 档案文书

⑭ 春秋

㎝ 长 7.1，宽 2.5

⑱ 1965 年山西省侯马晋国遗址出土

⑧ 1978 年

春秋　随形侯马盟书

Ⓝ 14010921800016001356311

㊥ 山西博物院

⑲ S.2570

⑭ 一级

㊣ 档案文书

⑭ 春秋

㎝ 长 4.8，宽 3

⑱ 1965 年山西省侯马晋国遗址出土

⑧ 1978 年

春秋　随形侯马盟书

Ⓝ 14010921800016001351911

㊥ 山西博物院

⑲ S.2571

⑭ 一级

㊣ 档案文书

⑭ 春秋

㎝ 长 8.3，宽 2

⑱ 1965 年山西省侯马晋国遗址出土

⑧ 1978 年

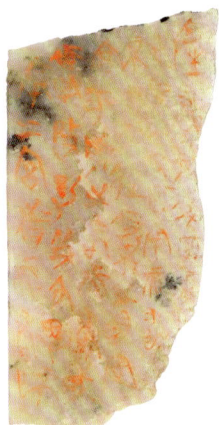

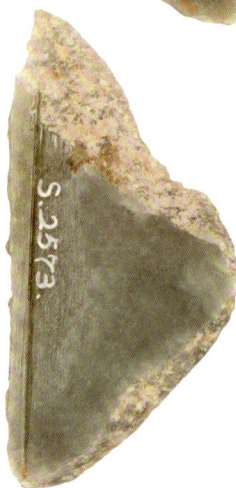

春秋 随形侯马盟书

No 14010921800016001370637067

藏 山西博物院

原 S.2572

级 一级

类 档案文书

代 春秋

cm 长 5.8，宽 3

源 1965 年山西省侯马晋国遗址出土

入 1978 年

春秋 随形侯马盟书

No 14010921800016001374544

藏 山西博物院

原 S.2573

级 一级

类 档案文书

代 春秋

cm 长 6.5，宽 3.4

源 1965 年山西省侯马晋国遗址出土

入 1978 年

春秋 随形侯马盟书

No 14010921800016001376666

藏 山西博物院

原 S.2574

级 一级

类 档案文书

代 春秋

cm 长 9，宽 5.1

源 1965 年山西省侯马晋国遗址出土

入 1978 年

春秋　随形侯马盟书

No 14010921800016001137120

藏 山西博物院

原 S.2575

级 一级

类 档案文书

代 春秋

cm 长 8.1，宽 5

源 1965 年山西省侯马晋国遗址出土

入 1978 年

春秋　随形侯马盟书

No 14010921800016001137463

藏 山西博物院

原 S.2576

级 一级

类 档案文书

代 春秋

cm 长 7.8，宽 2.8

源 1965 年山西省侯马晋国遗址出土

入 1978 年

春秋　随形侯马盟书

No 14010921800016001137273

藏 山西博物院

原 S.2577

级 一级

类 档案文书

代 春秋

cm 长 6.2，宽 4.4

源 1965 年山西省侯马晋国遗址出土

入 1978 年

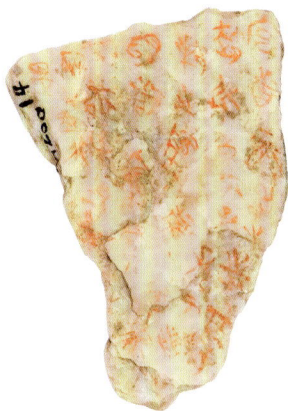

春秋 随形侯马盟书

Ⓝ 14010921800016001376665

藏 山西博物院

原 S.2578

级 一级

类 档案文书

代 春秋

cm 长 5.5，宽 4

源 1965 年山西省侯马晋国遗址出土

入 1978 年

春秋 随形侯马盟书

Ⓝ 14010921800016001356065

藏 山西博物院

原 S.2579

级 一级

类 档案文书

代 春秋

cm 长 5.4，宽 3.2

源 1965 年山西省侯马晋国遗址出土

入 1978 年

春秋 随形侯马盟书

Ⓝ 14010921800016001374639

藏 山西博物院

原 S.2580

级 一级

类 档案文书

代 春秋

cm 长 7，宽 5.6

源 1965 年山西省侯马晋国遗址出土

入 1978 年

春秋 随形侯马盟书

No 14010921800001600135186

藏 山西博物院

原 S.2581

级 一级

类 档案文书

代 春秋

cm 长 8.5，宽 4.5

源 1965 年山西省侯马晋国遗址出土

入 1978 年

春秋 三角形侯马盟书

No 14010921800001600137715

藏 山西博物院

原 S.2582

级 一级

类 档案文书

代 春秋

cm 长 3.8，宽 2.1

源 1965 年山西省侯马晋国遗址出土

入 1978 年

春秋 随形侯马盟书

No 14010921800001600135185

藏 山西博物院

原 S.2583

级 一级

类 档案文书

代 春秋

cm 长 5.1，宽 2.8

源 1965 年山西省侯马晋国遗址出土

入 1978 年

春秋 条形侯马盟书

No 14010921800016001371294

藏 山西博物院

原 S.2584

级 一级

类 档案文书

代 春秋

cm 长 6.2，宽 1.8

源 1965 年山西省侯马晋国遗址出土

入 1978 年

春秋 随形侯马盟书

No 14010921800016001374184

藏 山西博物院

原 S.2585

级 一级

类 档案文书

代 春秋

cm 长 6.1，宽 2.3

源 1965 年山西省侯马晋国遗址出土

入 1978 年

春秋 随形侯马盟书

No 14010921800016001364984

藏 山西博物院

原 S.2586

级 一级

类 档案文书

代 春秋

cm 长 6.5，宽 3.7

源 1965 年山西省侯马晋国遗址出土

入 1978 年

春秋 璋形侯马盟书

- No 14010921800016001375 29
- 藏 山西博物院
- 原 S.2587
- 级 一级
- 类 档案文书
- 代 春秋
- cm 长 7.2，宽 3.4
- 源 1965 年山西省侯马晋国遗址出土
- 入 1978 年

春秋 随形侯马盟书

- No 14010921800016001365 17
- 藏 山西博物院
- 原 S.2588
- 级 一级
- 类 档案文书
- 代 春秋
- cm 长 6.2，宽 4
- 源 1965 年山西省侯马晋国遗址出土
- 入 1978 年

春秋 随形侯马盟书

- No 14010921800016001365 12
- 藏 山西博物院
- 原 S.2589
- 级 一级
- 类 档案文书
- 代 春秋
- cm 长 8.6，宽 3.5
- 源 1965 年山西省侯马晋国遗址出土
- 入 1978 年

春秋 随形侯马盟书

- No 1401092180001600135180
- 藏 山西博物院
- 原 S.2590
- 级 一级
- 类 档案文书
- 代 春秋
- cm 长 7.2，宽 2.2
- 源 1965 年山西省侯马晋国遗址出土
- 入 1978 年

春秋 随形侯马盟书

- No 1401092180001600135211
- 藏 山西博物院
- 原 S.2591
- 级 一级
- 类 档案文书
- 代 春秋
- cm 长 7.3，宽 2.7
- 源 1965 年山西省侯马晋国遗址出土
- 入 1978 年

春秋 随形侯马盟书

- No 1401092180001600135644
- 藏 山西博物院
- 原 S.2592
- 级 一级
- 类 档案文书
- 代 春秋
- cm 长 7.5，宽 5.6
- 源 1965 年山西省侯马晋国遗址出土
- 入 1978 年

春秋 随形侯马盟书

No 14010921800016001351771
藏 山西博物院
原 S.2593
级 一级
类 档案文书
代 春秋
cm 长 6.4，宽 4.2
源 1965 年山西省侯马晋国遗址出土
入 1978 年

春秋 随形侯马盟书

No 14010921800016001375031
藏 山西博物院
原 S.2594
级 一级
类 档案文书
代 春秋
cm 长 5.1，宽 2.5
源 1965 年山西省侯马晋国遗址出土
入 1978 年

春秋 随形侯马盟书

No 14010921800016001351921
藏 山西博物院
原 S.2595
级 一级
类 档案文书
代 春秋
cm 长 6.9，宽 2
源 1965 年山西省侯马晋国遗址出土
入 1978 年

春秋 随形侯马盟书

No 1401092180001600135638

藏 山西博物院

原 S.2596

级 一级

类 档案文书

代 春秋

cm 长 5.6，宽 2

源 1965 年山西省侯马晋国遗址出土

入 1978 年

春秋 条形侯马盟书

No 1401092180001600136486

藏 山西博物院

原 S.2597

级 一级

类 档案文书

代 春秋

cm 长 4.4，宽 2.2

源 1965 年山西省侯马晋国遗址出土

入 1978 年

春秋 条形侯马盟书

No 1401092180001600137434

藏 山西博物院

原 S.2598

级 一级

类 档案文书

代 春秋

cm 长 5.8，宽 1.4

源 1965 年山西省侯马晋国遗址出土

入 1978 年

春秋 随形侯马盟书

No 14010921800016001137283

藏 山西博物院

原 S.2599

级 一级

类 档案文书

代 春秋

cm 长 7.8，宽 4.1

源 1965 年山西省侯马晋国遗址出土

入 1978 年

春秋 随形侯马盟书

No 14010921800016001137139

藏 山西博物院

原 S.2600

级 一级

类 档案文书

代 春秋

cm 长 7.5，宽 7.9

源 1965 年山西省侯马晋国遗址出土

入 1978 年

春秋 随形侯马盟书

No 14010921800016001135206

藏 山西博物院

原 S.2601

级 一级

类 档案文书

代 春秋

cm 长 9.5，宽 5.6

源 1965 年山西省侯马晋国遗址出土

入 1978 年

春秋 随形侯马盟书

No 14010921800016001135623

藏 山西博物院

原 S.2602

级 一级

类 档案文书

代 春秋

cm 长 10.8，宽 3.7

源 1965 年山西省侯马晋国遗址出土

入 1978 年

春秋 随形侯马盟书

No 14010921800016001137297

藏 山西博物院

原 S.2603

级 一级

类 档案文书

代 春秋

cm 长 10.5，宽 4.2

源 1965 年山西省侯马晋国遗址出土

入 1978 年

春秋 随形侯马盟书

No 14010921800016001137300

藏 山西博物院

原 S.2604

级 一级

类 档案文书

代 春秋

cm 长 10.8，宽 4.6

源 1965 年山西省侯马晋国遗址出土

入 1978 年

春秋 随形侯马盟书

No 14010921800016600137417

藏 山西博物院

原 S.2605

级 一级

类 档案文书

代 春秋

cm 长 9.2，宽 5.1

源 1965 年山西省侯马晋国遗址出土

入 1978 年

春秋 随形侯马盟书

No 14010921800016600137147

藏 山西博物院

原 S.2606

级 一级

类 档案文书

代 春秋

cm 长 9.1，宽 5

源 1965 年山西省侯马晋国遗址出土

入 1978 年

春秋 璜形侯马盟书

No 14010921800016600136534

藏 山西博物院

原 S.2607

级 一级

类 档案文书

代 春秋

cm 长 10.7，宽 4.7

源 1965 年山西省侯马晋国遗址出土

入 1978 年

春秋 随形侯马盟书

No 1401092180001600136542

藏 山西博物院

原 S.2608

级 一级

类 档案文书

代 春秋

cm 长 10.8，宽 4.6

源 1965 年山西省侯马晋国遗址出土

入 1978 年

春秋 随形侯马盟书

No 1401092180001600137338

藏 山西博物院

原 S.2609

级 一级

类 档案文书

代 春秋

cm 长 9.4，宽 6.2

源 1965 年山西省侯马晋国遗址出土

入 1978 年

春秋 随形侯马盟书

No 1401092180001600137376

藏 山西博物院

原 S.2610

级 一级

类 档案文书

代 春秋

cm 长 6.5，宽 4.3

源 1965 年山西省侯马晋国遗址出土

入 1978 年

春秋 随形侯马盟书

No 1401092180001600135205

藏 山西博物院

原 S.2611

级 一级

类 档案文书

代 春秋

cm 长 6.3，宽 5.8

源 1965 年山西省侯马晋国遗址出土

入 1978 年

春秋 随形侯马盟书

No 1401092180001600135202

藏 山西博物院

原 S.2612

级 一级

类 档案文书

代 春秋

cm 长 6.6，宽 3.5

源 1965 年山西省侯马晋国遗址出土

入 1978 年

春秋 随形侯马盟书

No 1401092180001600137084

藏 山西博物院

原 S.2613

级 一级

类 档案文书

代 春秋

cm 长 7.6，宽 3.8

源 1965 年山西省侯马晋国遗址出土

入 1978 年

春秋　随形侯马盟书

- No 14010921800016000137740
- 藏 山西博物院
- 原 S.2614
- 级 一级
- 类 档案文书
- 代 春秋
- cm 长 7.8，宽 4.5
- 源 1965 年山西省侯马晋国遗址出土
- 入 1978 年

春秋　随形侯马盟书

- No 14010921800016000137729
- 藏 山西博物院
- 原 S.2615
- 级 一级
- 类 档案文书
- 代 春秋
- cm 长 6.5，宽 3
- 源 1965 年山西省侯马晋国遗址出土
- 入 1978 年

春秋　随形侯马盟书

- No 14010921800016000137461
- 藏 山西博物院
- 原 S.2616
- 级 一级
- 类 档案文书
- 代 春秋
- cm 长 7.4，宽 4.1
- 源 1965 年山西省侯马晋国遗址出土
- 入 1978 年

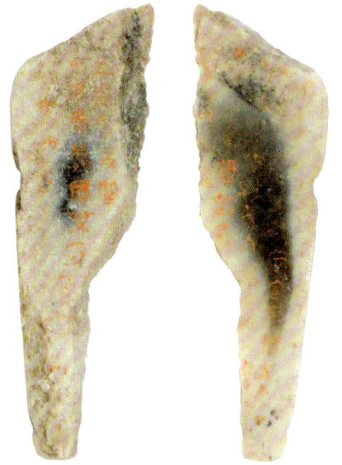

春秋 圭形侯马盟书

Ⓝ 14010921800016001377 23

Ⓐ 山西博物院

Ⓞ S.2617

Ⓖ 一级

Ⓣ 档案文书

Ⓒ 春秋

㎝ 长 3.8，宽 1.6

Ⓢ 1965 年山西省侯马晋国遗址出土

Ⓡ 1978 年

春秋 方形侯马盟书

Ⓝ 14010921800016001376 89

Ⓐ 山西博物院

Ⓞ S.2618

Ⓖ 一级

Ⓣ 档案文书

Ⓒ 春秋

㎝ 长 3.8，宽 2.7

Ⓢ 1965 年山西省侯马晋国遗址出土

Ⓡ 1978 年

春秋 随形侯马盟书

Ⓝ 14010921800016001377 10

Ⓐ 山西博物院

Ⓞ S.2619

Ⓖ 一级

Ⓣ 档案文书

Ⓒ 春秋

㎝ 长 5.5，宽 1.7

Ⓢ 1965 年山西省侯马晋国遗址出土

Ⓡ 1978 年

春秋 随形侯马盟书

Ⓝ 14010921800016001 35635

㊤ 山西博物院

㊥ S.2620

㊧ 一级

㊨ 档案文书

㊀ 春秋

㎝ 长 4.4，宽 2.4

㊐ 1965 年山西省侯马晋国遗址出土

㊋ 1978 年

春秋 随形侯马盟书

Ⓝ 14010921800016001 36298

㊤ 山西博物院

㊥ S.2621

㊧ 一级

㊨ 档案文书

㊀ 春秋

㎝ 长 7，宽 4.6

㊐ 1965 年山西省侯马晋国遗址出土

㊋ 1978 年

春秋 随形侯马盟书

No 1401092180001600135189

藏 山西博物院

原 S.2622

级 一级

类 档案文书

代 春秋

cm 长 7.2，宽 5.5

源 1965 年山西省侯马晋国遗址出土

入 1978 年

春秋 随形侯马盟书

No 1401092180001600137470

藏 山西博物院

原 S.2623

级 一级

类 档案文书

代 春秋

cm 长 8.7，宽 4.2

源 1965 年山西省侯马晋国遗址出土

入 1978 年

春秋 随形侯马盟书

No 14010921800016000135608

藏 山西博物院

原 S.2624

级 一级

类 档案文书

代 春秋

cm 长 5.8，宽 5.7

源 1965 年山西省侯马晋国遗址出土

入 1978 年

春秋 随形侯马盟书

No 14010921800016000137369

藏 山西博物院

原 S.2625

级 一级

类 档案文书

代 春秋

cm 长 6.8，宽 5.8

源 1965 年山西省侯马晋国遗址出土

入 1978 年

春秋 随形侯马盟书

- No 14010921800001600136309
- 藏 山西博物院
- 原 S.2626
- 级 一级
- 类 档案文书
- 代 春秋
- cm 长 9，宽 3.8
- 源 1965 年山西省侯马晋国遗址出土
- 入 1978 年

春秋 随形侯马盟书

- No 14010921800001600135213
- 藏 山西博物院
- 原 S.2627
- 级 一级
- 类 档案文书
- 代 春秋
- cm 长 6，宽 5.5
- 源 1965 年山西省侯马晋国遗址出土
- 入 1978 年

春秋 随形侯马盟书

- No 14010921800001600137479
- 藏 山西博物院
- 原 S.2628
- 级 一级
- 类 档案文书
- 代 春秋
- cm 长 6.9，宽 1.1
- 源 1965 年山西省侯马晋国遗址出土
- 入 1978 年

春秋 随形侯马盟书

- No 14010921800016600137138
- 藏 山西博物院
- 原 S.2629
- 级 一级
- 类 档案文书
- 代 春秋
- cm 长 9.1，宽 2.6
- 源 1965 年山西省侯马晋国遗址出土
- 入 1978 年

春秋 随形侯马盟书

- No 14010921800016600135207
- 藏 山西博物院
- 原 S.2630
- 级 一级
- 类 档案文书
- 代 春秋
- cm 长 6.7，宽 2.9
- 源 1965 年山西省侯马晋国遗址出土
- 入 1978 年

春秋 璜形侯马盟书

- No 14010921800016600137342
- 藏 山西博物院
- 原 S.2631
- 级 一级
- 类 档案文书
- 代 春秋
- cm 长 9.1，宽 2.6
- 源 1965 年山西省侯马晋国遗址出土
- 入 1978 年

春秋 随形侯马盟书

- No 14010921800016001373390 ————
- 藏 山西博物院
- 原 S.2632
- 级 一级
- 类 档案文书
- 代 春秋
- cm 长 5.4，宽 1.5
- 源 1965 年山西省侯马晋国遗址出土
- 入 1978 年

春秋 随形侯马盟书

- No 1401092180001600137355 ————
- 藏 山西博物院
- 原 S.2633
- 级 一级
- 类 档案文书
- 代 春秋
- cm 长 5.3，宽 2.3
- 源 1965 年山西省侯马晋国遗址出土
- 入 1978 年

春秋 随形侯马盟书

- No 1401092180001600137058 ————
- 藏 山西博物院
- 原 S.2634
- 级 一级
- 类 档案文书
- 代 春秋
- cm 长 6，宽 3.6
- 源 1965 年山西省侯马晋国遗址出土
- 入 1978 年

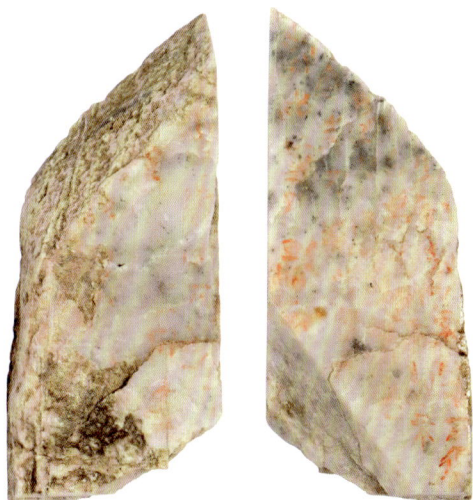

春秋 随形侯马盟书

No 14010921800016 00135175

藏 山西博物院

原 S.2635

级 一级

类 档案文书

代 春秋

cm 长 6.6，宽 2.5

源 1965 年山西省侯马晋国遗址出土

入 1978 年

春秋 随形侯马盟书

No 14010921800016 00137488

藏 山西博物院

原 S.2636

级 一级

类 档案文书

代 春秋

cm 长 5.5，宽 3.5

源 1965 年山西省侯马晋国遗址出土

入 1978 年

春秋 随形侯马盟书

No 14010921800016 00137339

藏 山西博物院

原 S.2193

级 一级

类 档案文书

代 春秋

cm 长 4.7，宽 2.3

源 1965 年山西省侯马晋国遗址出土

入 1978 年

春秋 随形侯马盟书

No 14010921800001600137315

藏 山西博物院

原 S.2487

级 一级

类 档案文书

代 春秋

cm 长 6.7，宽 5.3

源 1965 年山西省侯马晋国遗址出土

入 1978 年

春秋 圭形侯马盟书

No 14010921800001600135627

藏 山西博物院

原 S.2106

级 一级

类 档案文书

代 春秋

cm 长 20.5，宽 2.5

源 1965 年山西省侯马晋国遗址出土

入 1978 年

春秋 圭形侯马盟书

- **No** 140109218000160013**7268**
- **藏** 山西博物院
- **原** S.2107
- **级** 一级
- **类** 档案文书
- **代** 春秋
- **cm** 长 20.5，宽 2.7
- **源** 1965 年山西省侯马晋国遗址出土
- **入** 1978 年

春秋 圭形侯马盟书

- **No** 140109218000160013**7388**
- **藏** 山西博物院
- **原** S.2108
- **级** 一级
- **类** 档案文书
- **代** 春秋
- **cm** 长 20.2，宽 4.1
- **源** 1965 年山西省侯马晋国遗址出土
- **入** 1978 年

春秋 圭形侯马盟书

No 14010921800016000136480

藏 山西博物院

原 S.2109

级 一级

类 档案文书

代 春秋

cm 长 18.3，宽 3.2

源 1965 年山西省侯马晋国遗址出土

入 1978 年

春秋 圭形侯马盟书

No 14010921800016000137453

藏 山西博物院

原 S.2110

级 一级

类 档案文书

代 春秋

cm 长 18.5，宽 2.7

源 1965 年山西省侯马晋国遗址出土

入 1978 年

春秋　圭形侯马盟书

No 14010921800016001356360

藏 山西博物院

原 S.2111

级 一级

类 档案文书

代 春秋

cm 长 17.9，宽 3.3

源 1965 年山西省侯马晋国遗址出土

入 1978 年

春秋　条形侯马盟书

No 14010921800016001371370

藏 山西博物院

原 S.2112

级 一级

类 档案文书

代 春秋

cm 长 15.3，宽 2.8

源 1965 年山西省侯马晋国遗址出土

入 1978 年

春秋　圭形侯马盟书

- No 1401092180001600137253
- 藏 山西博物院
- 原 S.2113
- 级 一级
- 类 档案文书
- 代 春秋
- cm 长 15.3，宽 3.2
- 源 1965 年山西省侯马晋国遗址出土
- 入 1978 年

春秋　圭形侯马盟书

- No 1401092180001600137468
- 藏 山西博物院
- 原 S.2114
- 级 一级
- 类 档案文书
- 代 春秋
- cm 长 14.3，宽 2.8
- 源 1965 年山西省侯马晋国遗址出土
- 入 1978 年

春秋　圭形侯马盟书

No 14010921800016 00136533

藏 山西博物院

原 S.2115

级 一级

类 档案文书

代 春秋

cm 长 16，宽 3

源 1965 年山西省侯马晋国遗址出土

入 1978 年

春秋　条形侯马盟书

No 14010921800016 00137516

藏 山西博物院

原 S.2116

级 一级

类 档案文书

代 春秋

cm 长 12.5，宽 3.4

源 1965 年山西省侯马晋国遗址出土

入 1978 年

春秋　圭形侯马盟书

No 14010921800016001363O4

藏 山西博物院

原 S.2117

级 一级

类 档案文书

代 春秋

cm 长 17，宽 6.5

源 1965 年山西省侯马晋国遗址出土

入 1978 年

春秋 圭形侯马盟书

🔢 14010921800016001376558

🏛 山西博物院

📋 S.2118

🏅 一级

📁 档案文书

🕐 春秋

📏 长 13.3，宽 4.1

📍 1965 年山西省侯马晋国遗址出土

📥 1978 年

春秋 圭形侯马盟书

🔢 14010921800016001355639

🏛 山西博物院

📋 S.2119

🏅 一级

📁 档案文书

🕐 春秋

📏 长 16.5，宽 2.7

📍 1965 年山西省侯马晋国遗址出土

📥 1978 年

春秋　圭形侯马盟书

No 14010921800016600137110

藏 山西博物院

原 S.2120

级 一级

类 档案文书

代 春秋

cm 长 18.5，宽 2.9

源 1965 年山西省侯马晋国遗址出土

入 1978 年

春秋　圭形侯马盟书

No 14010921800016600137457

藏 山西博物院

原 S.2121

级 一级

类 档案文书

代 春秋

cm 长 18.5，宽 2.7

源 1965 年山西省侯马晋国遗址出土

入 1978 年

春秋　条形侯马盟书

No 14010921800016001364496

藏 山西博物院

原 S.2122

级 一级

类 档案文书

代 春秋

cm 长 15.5，宽 2.9

源 1965 年山西省侯马晋国遗址出土

入 1978 年

春秋　圭形侯马盟书

No 14010921800016001355607

藏 山西博物院

原 S.2123

级 一级

类 档案文书

代 春秋

cm 长 18.8，宽 3.8

源 1965 年山西省侯马晋国遗址出土

入 1978 年

春秋 随形侯马盟书

- No 1401092180001600137334
- 藏 山西博物院
- 原 S.2134
- 级 一级
- 类 档案文书
- 代 春秋
- cm 长 12.8，宽 4.1
- 源 1965 年山西省侯马晋国遗址出土
- 入 1978 年

春秋 圆形侯马盟书

- No 1401092180001600127170
- 藏 山西博物院
- 原 S.2135
- 级 一级
- 类 档案文书
- 代 春秋
- cm 径 4.5，厚 0.7
- 源 1965 年山西省侯马晋国遗址出土
- 入 1978 年

春秋　随形侯马盟书

No 14010921800016001 36324

藏 山西博物院

原 S.2137

级 一级

类 档案文书

代 春秋

cm 长 8.8，宽 5.1

源 1965 年山西省侯马晋国遗址出土

入 1978 年

春秋　随形侯马盟书

No 14010921800016001 36531

藏 山西博物院

原 S.2138

级 一级

类 档案文书

代 春秋

cm 长 8.6，宽 4.1

源 1965 年山西省侯马晋国遗址出土

入 1978 年

春秋 随形侯马盟书

No 14010921800016001365 05

藏 山西博物院

原 S.2139

级 一级

类 档案文书

代 春秋

cm 长 6.3，宽 5

源 1965 年山西省侯马晋国遗址出土

入 1978 年

春秋 随形侯马盟书

No 14010921800016001370 55

藏 山西博物院

原 S.2140

级 一级

类 档案文书

代 春秋

cm 长 6.4，宽 4.4

源 1965 年山西省侯马晋国遗址出土

入 1978 年

春秋　随形侯马盟书

No 1401092180001600137324

藏 山西博物院

原 S.2141

级 一级

类 档案文书

代 春秋

cm 长 6.3，宽 7.5

源 1965 年山西省侯马晋国遗址出土

入 1978 年

春秋　随形侯马盟书

No 1401092180001600137062

藏 山西博物院

原 S.2142

级 一级

类 档案文书

代 春秋

cm 长 6.3，宽 5.2

源 1965 年山西省侯马晋国遗址出土

入 1978 年

春秋 随形侯马盟书

No 140109218000160013 7354

藏 山西博物院

原 S.2143

级 一级

类 档案文书

代 春秋

cm 长 8.1，宽 3.8

源 1965 年山西省侯马晋国遗址出土

入 1978 年

春秋 随形侯马盟书

No 140109218000160013 7504

藏 山西博物院

原 S.2144

级 一级

类 档案文书

代 春秋

cm 长 8，宽 5

源 1965 年山西省侯马晋国遗址出土

入 1978 年

春秋　随形侯马盟书

🆖 14010921800016 00136514

藏 山西博物院

原 S.2145

级 一级

类 档案文书

代 春秋

㎝ 长 6，宽 5.3

源 1965 年山西省侯马晋国遗址出土

入 1978 年

春秋　随形侯马盟书

🆖 14010921800016 00136516

藏 山西博物院

原 S.2146

级 一级

类 档案文书

代 春秋

㎝ 长 7.4，宽 4.2

源 1965 年山西省侯马晋国遗址出土

入 1978 年

春秋　随形侯马盟书

🆖 14010921800016 00137428

藏 山西博物院

原 S.2147

级 一级

类 档案文书

代 春秋

㎝ 长 6.1，宽 5.1

源 1965 年山西省侯马晋国遗址出土

入 1978 年

春秋 随形侯马盟书

No 14010921800001600136325

藏 山西博物院

原 S.2148

级 一级

类 档案文书

代 春秋

cm 长 8.4，宽 6.1

源 1965 年山西省侯马晋国遗址出土

入 1978 年

春秋 随形侯马盟书

No 14010921800001600137099

藏 山西博物院

原 S.2149

级 一级

类 档案文书

代 春秋

cm 长 9.4，宽 5.4

源 1965 年山西省侯马晋国遗址出土

入 1978 年

春秋　随形侯马盟书

No 14010921800001600137270

藏 山西博物院

原 S.2150

级 一级

类 档案文书

代 春秋

cm 长 8.7，宽 4.2

源 1965 年山西省侯马晋国遗址出土

入 1978 年

春秋　随形侯马盟书

No 14010921800001600137308

藏 山西博物院

原 S.2151

级 一级

类 档案文书

代 春秋

cm 长 9.6，宽 5.2

源 1965 年山西省侯马晋国遗址出土

入 1978 年

春秋　条形侯马盟书

No 14010921800001600137384

藏 山西博物院

原 S.2152

级 一级

类 档案文书

代 春秋

cm 长 9.7，宽 3

源 1965 年山西省侯马晋国遗址出土

入 1978 年

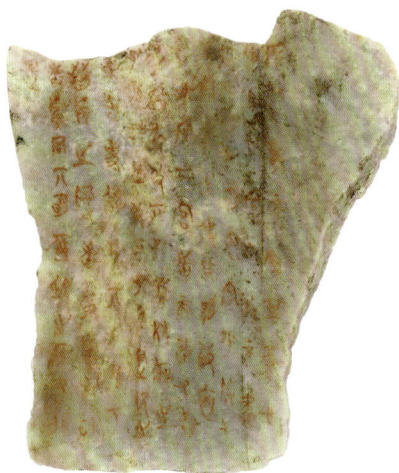

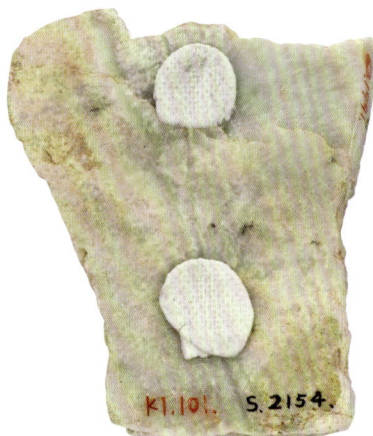

春秋 随形侯马盟书

No 14010921800016001 37311

藏 山西博物院

原 S.2153

级 一级

类 档案文书

代 春秋

cm 长 7，宽 5.1

源 1965 年山西省侯马晋国遗址出土

入 1978 年

春秋 随形侯马盟书

No 14010921800016001 27230

藏 山西博物院

原 S.2154

级 一级

类 档案文书

代 春秋

cm 长 8.4，宽 3

源 1965 年山西省侯马晋国遗址出土

入 1978 年

春秋 随形侯马盟书

No 14010921800016001 36301

藏 山西博物院

原 S.2155

级 一级

类 档案文书

代 春秋

cm 长 5.5，宽 3.8

源 1965 年山西省侯马晋国遗址出土

入 1978 年

春秋 璜形侯马盟书

No 14010921800016001137263

藏 山西博物院

原 S.2156

级 一级

类 档案文书

代 春秋

cm 长 7.6，宽 4.3

源 1965 年山西省侯马晋国遗址出土

入 1978 年

春秋 随形侯马盟书

No 14010921800016001137081

藏 山西博物院

原 S.2157

级 一级

类 档案文书

代 春秋

cm 长 5.7，宽 5.2

源 1965 年山西省侯马晋国遗址出土

入 1978 年

春秋 随形侯马盟书

No 14010921800016001137382

藏 山西博物院

原 S.2158

级 一级

类 档案文书

代 春秋

cm 长 6.6，宽 3.2

源 1965 年山西省侯马晋国遗址出土

入 1978 年

春秋 随形侯马盟书

No 1401092180001600137387

藏 山西博物院

原 S.2159

级 一级

类 档案文书

代 春秋

cm 长 9，宽 6.1

源 1965 年山西省侯马晋国遗址出土

入 1978 年

春秋 随形侯马盟书

No 1401092180001600137281

藏 山西博物院

原 S.2160

级 一级

类 档案文书

代 春秋

cm 长 8，宽 3.3

源 1965 年山西省侯马晋国遗址出土

入 1978 年

春秋 随形侯马盟书

No 1401092180001600137423

藏 山西博物院

原 S.2161

级 一级

类 档案文书

代 春秋

cm 长 6.3，宽 4.1

源 1965 年山西省侯马晋国遗址出土

入 1978 年

春秋 随形侯马盟书

No 14010921800016001374403

藏 山西博物院

原 S.2162

级 一级

类 档案文书

代 春秋

cm 长 6.2，宽 3.8

源 1965 年山西省侯马晋国遗址出土

入 1978 年

春秋 随形侯马盟书

No 14010921800016001371131

藏 山西博物院

原 S.2163

级 一级

类 档案文书

代 春秋

cm 长 7.6，宽 7.3

源 1965 年山西省侯马晋国遗址出土

入 1978 年

春秋 随形侯马盟书

No 14010921800016000136544

藏 山西博物院

原 S.2164

级 一级

类 档案文书

代 春秋

cm 长 7.7，宽 5.3

源 1965 年山西省侯马晋国遗址出土

入 1978 年

春秋 随形侯马盟书

No 14010921800016000137392

藏 山西博物院

原 S.2165

级 一级

类 档案文书

代 春秋

cm 长 8.3，宽 6.2

源 1965 年山西省侯马晋国遗址出土

入 1978 年

春秋 随形侯马盟书

No 14010921800016000137104

藏 山西博物院

原 S.2166

级 一级

类 档案文书

代 春秋

cm 长 7.3，宽 4.4

源 1965 年山西省侯马晋国遗址出土

入 1978 年

春秋 随形侯马盟书

No 14010921800016000136320

藏 山西博物院

原 S.2167

级 一级

类 档案文书

代 春秋

cm 长 11.5，宽 4.3

源 1965 年山西省侯马晋国遗址出土

入 1978 年

春秋　随形侯马盟书

No 14010921800016001356 43

藏 山西博物院

原 S.2168

级 一级

类 档案文书

代 春秋

cm 长 8.5，宽 5.2

源 1965 年山西省侯马晋国遗址出土

入 1978 年

春秋　随形侯马盟书

No 14010921800016001365 00

藏 山西博物院

原 S.2169

级 一级

类 档案文书

代 春秋

cm 长 6，宽 4.9

源 1965 年山西省侯马晋国遗址出土

入 1978 年

春秋　随形侯马盟书

- No 1401092180001600137444
- 藏 山西博物院
- 原 S.2170
- 级 一级
- 类 档案文书
- 代 春秋
- cm 长 8.2，宽 3.7
- 源 1965 年山西省侯马晋国遗址出土
- 入 1978 年

春秋　随形侯马盟书

- No 1401092180001600135616
- 藏 山西博物院
- 原 S.2171
- 级 一级
- 类 档案文书
- 代 春秋
- cm 长 9，宽 3
- 源 1965 年山西省侯马晋国遗址出土
- 入 1978 年

春秋　随形侯马盟书

- No 1401092180001600137117
- 藏 山西博物院
- 原 S.2192
- 级 一级
- 类 档案文书
- 代 春秋
- cm 长 9，宽 2.9
- 源 1965 年山西省侯马晋国遗址出土
- 入 1978 年

春秋 圭形侯马盟书

- No 14010921800016001374l4
- 藏 山西博物院
- 原 S.2194
- 级 一级
- 类 档案文书
- 代 春秋
- cm 长 21.5，宽 5.3
- 源 1965 年山西省侯马晋国遗址出土
- 入 1978 年

春秋 条形侯马盟书

- No 1401092180001600136535
- 藏 山西博物院
- 原 S.2253
- 级 一级
- 类 档案文书
- 代 春秋
- cm 长 5.4，宽 1.7
- 源 1965 年山西省侯马晋国遗址出土
- 入 1978 年

春秋 随形侯马盟书

- No 14010921800016001376S85
- 藏 山西博物院
- 原 S.2254
- 级 一级
- 类 档案文书
- 代 春秋
- cm 长 3.8，宽 1.8
- 源 1965 年山西省侯马晋国遗址出土
- 入 1978 年

春秋 条形侯马盟书

- No 14010921800016001 37690
- 藏 山西博物院
- 原 S.2255
- 级 一级
- 类 档案文书
- 代 春秋
- cm 长 5.2，宽 1.6
- 源 1965 年山西省侯马晋国遗址出土
- 入 1978 年

春秋 条形侯马盟书

- No 14010921800016001 37438
- 藏 山西博物院
- 原 S.2256
- 级 一级
- 类 档案文书
- 代 春秋
- cm 长 3.3，宽 1.7
- 源 1965 年山西省侯马晋国遗址出土
- 入 1978 年

春秋 条形侯马盟书

- No 14010921800016001 37051
- 藏 山西博物院
- 原 S.2257
- 级 一级
- 类 档案文书
- 代 春秋
- cm 长 2.6，宽 1.6
- 源 1965 年山西省侯马晋国遗址出土
- 入 1978 年

春秋 条形侯马盟书

No 1401092180001600137277

藏 山西博物院

原 S.2258

级 一级

类 档案文书

代 春秋

cm 长 12.9，宽 1.7

源 1965 年山西省侯马晋国遗址出土

入 1978 年

春秋 条形侯马盟书

No 1401092180001600135632

藏 山西博物院

原 S.2259

级 一级

类 档案文书

代 春秋

cm 长 6.8，宽 1.7

源 1965 年山西省侯马晋国遗址出土

入 1978 年

春秋 圭形侯马盟书

No 1401092180001600137054

藏 山西博物院

原 S.2261

级 一级

类 档案文书

代 春秋

cm 长 12.8，宽 3.5

源 1965 年山西省侯马晋国遗址出土

入 1978 年

春秋 圭形侯马盟书

No 1401092180001600137323

藏 山西博物院

原 S.2262

级 一级

类 档案文书

代 春秋

cm 长 9.8，宽 2.9

源 1965 年山西省侯马晋国遗址出土

入 1978 年

春秋 圭形侯马盟书

No 1401092180001600137065

藏 山西博物院

原 S.2263

级 一级

类 档案文书

代 春秋

cm 长 6，宽 1.7

源 1965 年山西省侯马晋国遗址出土

入 1978 年

春秋　圭形侯马盟书

No 1401092180001600137347

藏 山西博物院

原 S.2264

级 一级

类 档案文书

代 春秋

cm 长 5.6，宽 1.65

源 1965 年山西省侯马晋国遗址出土

入 1978 年

春秋　条形侯马盟书

No 1401092180001600136295

藏 山西博物院

原 S.2265

级 一级

类 档案文书

代 春秋

cm 长 6，宽 1.7

源 1965 年山西省侯马晋国遗址出土

入 1978 年

春秋　圭形侯马盟书

No 1401092180001600135204

藏 山西博物院

原 S.2266

级 一级

类 档案文书

代 春秋

cm 长 13，宽 2.4

源 1965 年山西省侯马晋国遗址出土

入 1978 年

春秋 条形侯马盟书

No 1401092180001600137086

藏 山西博物院

原 S.2267

级 一级

类 档案文书

代 春秋

cm 长 9，宽 1.7

源 1965 年山西省侯马晋国遗址出土

入 1978 年

春秋 条形侯马盟书

No 1401092180001600137361

藏 山西博物院

原 S.2268

级 一级

类 档案文书

代 春秋

cm 长 7.1，宽 1.7

源 1965 年山西省侯马晋国遗址出土

入 1978 年

春秋 圭形侯马盟书

No 1401092180001600137256

藏 山西博物院

原 S.2269

级 一级

类 档案文书

代 春秋

cm 长 7.6，宽 1.6

源 1965 年山西省侯马晋国遗址出土

入 1978 年

春秋 条形侯马盟书

No 14010921800016001364780 ————

藏 山西博物院

原 S.2270

级 一级

类 档案文书

代 春秋

cm 长 6，宽 1.6

源 1965 年山西省侯马晋国遗址出土

入 1978 年

春秋 圭形侯马盟书

No 14010921800016001373850

藏 山西博物院

原 S.2271

级 一级

类 档案文书

代 春秋

cm 长 5.9，宽 1.6

源 1965 年山西省侯马晋国遗址出土

入 1978 年

春秋 条形侯马盟书

No 14010921800016001372540

藏 山西博物院

原 S.2272

级 一级

类 档案文书

代 春秋

cm 长 2.5，宽 1.5

源 1965 年山西省侯马晋国遗址出土

入 1978 年

春秋 条形侯马盟书

- No 1401092180001600137053
- 藏 山西博物院
- 原 S.2273
- 级 一级
- 类 档案文书
- 代 春秋
- cm 长 1.7，宽 1.75
- 源 1965 年山西省侯马晋国遗址出土
- 入 1978 年

春秋 条形侯马盟书

- No 1401092180001600137329
- 藏 山西博物院
- 原 S.2274
- 级 一级
- 类 档案文书
- 代 春秋
- cm 长 2.6，宽 1.4
- 源 1965 年山西省侯马晋国遗址出土
- 入 1978 年

春秋 条形侯马盟书

- No 1401092180001600137462
- 藏 山西博物院
- 原 S.2275
- 级 一级
- 类 档案文书
- 代 春秋
- cm 长 4，宽 1.7
- 源 1965 年山西省侯马晋国遗址出土
- 入 1978 年

春秋　圭形侯马盟书

No 14010921800016001363O2

藏 山西博物院

原 S.2276

级 一级

类 档案文书

代 春秋

cm 长 3，宽 1.7

源 1965 年山西省侯马晋国遗址出土

入 1978 年

春秋　圭形侯马盟书

No 14010921800016001373491

藏 山西博物院

原 S.2277

级 一级

类 档案文书

代 春秋

cm 长 3.1，宽 1.5

源 1965 年山西省侯马晋国遗址出土

入 1978 年

春秋　圭形侯马盟书

No 140109218O0016001375211

藏 山西博物院

原 S.2278

级 一级

类 档案文书

代 春秋

cm 长 4.7，宽 1.7

源 1965 年山西省侯马晋国遗址出土

入 1978 年

春秋 条形侯马盟书

- No 1401092180001600137340
- 藏 山西博物院
- 原 S.2279
- 级 一级
- 类 档案文书
- 代 春秋
- cm 长 4.1，宽 1.6
- 源 1965 年山西省侯马晋国遗址出土
- 入 1978 年

春秋 条形侯马盟书

- No 1401092180001600137681
- 藏 山西博物院
- 原 S.2280
- 级 一级
- 类 档案文书
- 代 春秋
- cm 长 3.9，宽 1.6
- 源 1965 年山西省侯马晋国遗址出土
- 入 1978 年

春秋 条形侯马盟书

- No 1401092180001600137427
- 藏 山西博物院
- 原 S.2291
- 级 一级
- 类 档案文书
- 代 春秋
- cm 长 3.7，宽 1.8
- 源 1965 年山西省侯马晋国遗址出土
- 入 1978 年

春秋　圭形侯马盟书

No 140109218000160137080

藏 山西博物院

原 S.2292

级 一级

类 档案文书

代 春秋

cm 长 20.4，宽 1.8

源 1965 年山西省侯马晋国遗址出土

入 1978 年

春秋　条形侯马盟书

No 140109218000160136539

藏 山西博物院

原 S.2293

级 一级

类 档案文书

代 春秋

cm 长 19，宽 1.8

源 1965 年山西省侯马晋国遗址出土

入 1978 年

春秋　圭形侯马盟书

No 140109218000160137386

藏 山西博物院

原 S.2294

级 一级

类 档案文书

代 春秋

cm 长 16.9，宽 1.7

源 1965 年山西省侯马晋国遗址出土

入 1978 年

春秋 圭形侯马盟书

- No 14010921800016001 37659
- 藏 山西博物院
- 原 S.2295
- 级 一级
- 类 档案文书
- 代 春秋
- cm 长 3.5，宽 1.6
- 源 1965 年山西省侯马晋国遗址出土
- 入 1978 年

春秋 圭形侯马盟书

- No 14010921800016001 35199
- 藏 山西博物院
- 原 S.2296
- 级 一级
- 类 档案文书
- 代 春秋
- cm 长 4.6，宽 1.6
- 源 1965 年山西省侯马晋国遗址出土
- 入 1978 年

春秋 圭形侯马盟书

- No 14010921800016001 36317
- 藏 山西博物院
- 原 S.2297
- 级 一级
- 类 档案文书
- 代 春秋
- cm 长 5.2，宽 1.6
- 源 1965 年山西省侯马晋国遗址出土
- 入 1978 年

春秋 圭形侯马盟书

No 14010921800016001352l2

藏 山西博物院

原 S.2298

级 一级

类 档案文书

代 春秋

cm 长 15.1，宽 1.6

源 1965 年山西省侯马晋国遗址出土

入 1978 年

春秋 条形侯马盟书

No 14010921800016001371l2

藏 山西博物院

原 S.2299

级 一级

类 档案文书

代 春秋

cm 长 13.9，宽 1.6

源 1965 年山西省侯马晋国遗址出土

入 1978 年

春秋 圭形侯马盟书

No 14010921800016001374575

藏 山西博物院

原 S.2300

级 一级

类 档案文书

代 春秋

cm 长 13.1，宽 1.6

源 1965 年山西省侯马晋国遗址出土

入 1978 年

春秋 圭形侯马盟书

- Ⓝ 14010921800016 00136488
- Ⓐ 山西博物院
- Ⓞ S.2301
- Ⓖ 一级
- Ⓚ 档案文书
- Ⓒ 春秋
- ⓒⓜ 长 11.4，宽 1.5
- Ⓢ 1965 年山西省侯马晋国遗址出土
- Ⓘ 1978 年

春秋 条形侯马盟书

- Ⓝ 14010921800016 00137425
- Ⓐ 山西博物院
- Ⓞ S.2302
- Ⓖ 一级
- Ⓚ 档案文书
- Ⓒ 春秋
- ⓒⓜ 长 10.8，宽 1.5
- Ⓢ 1965 年山西省侯马晋国遗址出土
- Ⓘ 1978 年

春秋 圭形侯马盟书

- Ⓝ 14010921800016 00137336
- Ⓐ 山西博物院
- Ⓞ S.2303
- Ⓖ 一级
- Ⓚ 档案文书
- Ⓒ 春秋
- ⓒⓜ 长 9，宽 1.55
- Ⓢ 1965 年山西省侯马晋国遗址出土
- Ⓘ 1978 年

春秋 圭形侯马盟书

No 1401092180001600137141

藏 山西博物院

原 S.2304

级 一级

类 档案文书

代 春秋

cm 长 8.8，宽 1.7

源 1965 年山西省侯马晋国遗址出土

入 1978 年

春秋 圭形侯马盟书

No 1401092180001600137326

藏 山西博物院

原 S.2305

级 一级

类 档案文书

代 春秋

cm 长 8.5，宽 1.7

源 1965 年山西省侯马晋国遗址出土

入 1978 年

春秋 璋形侯马盟书

No 1401092180001600136501

藏 山西博物院

原 S.2306

级 一级

类 档案文书

代 春秋

cm 长 8.4，宽 1.3

源 1965 年山西省侯马晋国遗址出土

入 1978 年

春秋　条形侯马盟书
- No 14010921800016001356 25
- 藏 山西博物院
- 原 S.2307
- 级 一级
- 类 档案文书
- 代 春秋
- cm 长 6.8，宽 1.7
- 源 1965 年山西省侯马晋国遗址出土
- 入 1978 年

春秋　条形侯马盟书
- No 14010921800016001365 38
- 藏 山西博物院
- 原 S.2308
- 级 一级
- 类 档案文书
- 代 春秋
- cm 长 6.3，宽 1.7
- 源 1965 年山西省侯马晋国遗址出土
- 入 1978 年

春秋　圭形侯马盟书
- No 14010921800016001356 15
- 藏 山西博物院
- 原 S.2309
- 级 一级
- 类 档案文书
- 代 春秋
- cm 长 6.9，宽 1.6
- 源 1965 年山西省侯马晋国遗址出土
- 入 1978 年

春秋 条形侯马盟书

No 1401092180001600134648

藏 山西博物院

原 S.2310

级 一级

类 档案文书

代 春秋

cm 长 4，宽 1.8

源 1965 年山西省侯马晋国遗址出土

入 1978 年

春秋 条形侯马盟书

No 1401092180001600137502

藏 山西博物院

原 S.2311

级 一级

类 档案文书

代 春秋

cm 长 4，宽 1.4

源 1965 年山西省侯马晋国遗址出土

入 1978 年

春秋 条形侯马盟书

No 1401092180001600137513

藏 山西博物院

原 S.2312

级 一级

类 档案文书

代 春秋

cm 长 3.8，宽 1.4

源 1965 年山西省侯马晋国遗址出土

入 1978 年

春秋 圭形侯马盟书

- No 14010921800016001374443
- 藏 山西博物院
- 原 S.2313
- 级 一级
- 类 档案文书
- 代 春秋
- cm 长 6.4，宽 1.7
- 源 1965 年山西省侯马晋国遗址出土
- 入 1978 年

春秋 圭形侯马盟书

- No 14010921800016001377066
- 藏 山西博物院
- 原 S.2314
- 级 一级
- 类 档案文书
- 代 春秋
- cm 长 4.8，宽 1.5
- 源 1965 年山西省侯马晋国遗址出土
- 入 1978 年

春秋 圭形侯马盟书

- No 14010921800016001373200
- 藏 山西博物院
- 原 S.2315
- 级 一级
- 类 档案文书
- 代 春秋
- cm 长 5.3，宽 1.8
- 源 1965 年山西省侯马晋国遗址出土
- 入 1978 年

春秋 条形侯马盟书

No 1401092180001600137483

藏 山西博物院

原 S.2316

级 一级

类 档案文书

代 春秋

cm 长 4，宽 1.6

源 1965 年山西省侯马晋国遗址出土

入 1978 年

春秋 圭形侯马盟书

No 1401092180001600137402

藏 山西博物院

原 S.2317

级 一级

类 档案文书

代 春秋

cm 长 3.2，宽 1.5

源 1965 年山西省侯马晋国遗址出土

入 1978 年

春秋 璋形侯马盟书

No 1401092180001600136311

藏 山西博物院

原 S.2318

级 一级

类 档案文书

代 春秋

cm 长 3.7，宽 1.5

源 1965 年山西省侯马晋国遗址出土

入 1978 年

春秋 条形侯马盟书

No 1401092180001600137126

藏 山西博物院

原 S.2319

级 一级

类 档案文书

代 春秋

cm 长 6.8，宽 1.5

源 1965 年山西省侯马晋国遗址出土

入 1978 年

春秋 条形侯马盟书

No 1401092180001600135176

藏 山西博物院

原 S.2320

级 一级

类 档案文书

代 春秋

cm 长 6.1，宽 1.6

源 1965 年山西省侯马晋国遗址出土

入 1978 年

春秋 条形侯马盟书

No 1401092180001600136527

藏 山西博物院

原 S.2321

级 一级

类 档案文书

代 春秋

cm 长 7，宽 1.8

源 1965 年山西省侯马晋国遗址出土

入 1978 年

春秋 随形侯马盟书

No 1401092180001600137132

藏 山西博物院

原 S.2322

级 一级

类 档案文书

代 春秋

cm 长 2.4，宽 1.4

源 1965 年山西省侯马晋国遗址出土

入 1978 年

春秋 璋形侯马盟书

No 1401092180001600013

藏 山西博物院

原 S.2323

级 一级

类 档案文书

代 春秋

cm 长 2.8，宽 1.4

源 1965 年山西省侯马晋国遗址出土

入 1978 年

春秋 条形侯马盟书

No 1401092180001600135624

藏 山西博物院

原 S.2324

级 一级

类 档案文书

代 春秋

cm 长 3.3，宽 1.7

源 1965 年山西省侯马晋国遗址出土

入 1978 年

春秋　条形侯马盟书

No 1401092180001600137395

藏 山西博物院

原 S.2325

级 一级

类 档案文书

代 春秋

cm 长 7.7，宽 1.6

源 1965 年山西省侯马晋国遗址出土

入 1978 年

春秋　圭形侯马盟书

No 1401092180001600137731

藏 山西博物院

原 S.2329

级 一级

类 档案文书

代 春秋

cm 长 10.2，宽 3.5

源 1965 年山西省侯马晋国遗址出土

入 1978 年

春秋 条形侯马盟书

No 14010921800016001363818

藏 山西博物院

原 S.2330

级 一级

类 档案文书

代 春秋

cm 长 12.6，宽 3

源 1965 年山西省侯马晋国遗址出土

入 1978 年

春秋 条形侯马盟书

No 14010921800016001377661

藏 山西博物院

原 S.2331

级 一级

类 档案文书

代 春秋

cm 长 8.7，宽 1.7

源 1965 年山西省侯马晋国遗址出土

入 1978 年

春秋 条形侯马盟书

No 14010921800016001363000

藏 山西博物院

原 S.2332

级 一级

类 档案文书

代 春秋

cm 长 5.7，宽 1.6

源 1965 年山西省侯马晋国遗址出土

入 1978 年

春秋 条形侯马盟书

No 14010921800016001375011

藏 山西博物院

原 S.2333

级 一级

类 档案文书

代 春秋

cm 长 5，宽 1.7

源 1965 年山西省侯马晋国遗址出土

入 1978 年

春秋 条形侯马盟书

No 14010921800016001372691

藏 山西博物院

原 S.2334

级 一级

类 档案文书

代 春秋

cm 长 4，宽 1.7

源 1965 年山西省侯马晋国遗址出土

入 1978 年

春秋 圭形侯马盟书

Ⓝ 14010921800016000136306

Ⓐ 山西博物院

Ⓞ S.2335

Ⓛ 一级

Ⓒ 档案文书

Ⓒ 春秋

㎝ 长 2.9，宽 1.5

Ⓢ 1965 年山西省侯马晋国遗址出土

Ⓘ 1978 年

春秋 条形侯马盟书

Ⓝ 14010921800016000137697

Ⓐ 山西博物院

Ⓞ S.2336

Ⓛ 一级

Ⓒ 档案文书

Ⓒ 春秋

㎝ 长 3.4，宽 1.7

Ⓢ 1965 年山西省侯马晋国遗址出土

Ⓘ 1978 年

春秋 璋形侯马盟书

Ⓝ 14010921800016000135190

Ⓐ 山西博物院

Ⓞ S.2337

Ⓛ 一级

Ⓒ 档案文书

Ⓒ 春秋

㎝ 长 2.2，宽 1.5

Ⓢ 1965 年山西省侯马晋国遗址出土

Ⓘ 1978 年

春秋　条形侯马盟书
- No 14010921800016000137303
- 藏 山西博物院
- 原 S.2338
- 级 一级
- 类 档案文书
- 代 春秋
- cm 长 3.7，宽 1.6
- 源 1965 年山西省侯马晋国遗址出土
- 入 1978 年

春秋　条形侯马盟书
- No 14010921800016000137105
- 藏 山西博物院
- 原 S.2339
- 级 一级
- 类 档案文书
- 代 春秋
- cm 长 5.2，宽 1.5
- 源 1965 年山西省侯马晋国遗址出土
- 入 1978 年

春秋　圭形侯马盟书
- No 14010921800016000137490
- 藏 山西博物院
- 原 S.2343
- 级 一级
- 类 档案文书
- 代 春秋
- cm 长 6，宽 1.6
- 源 1965 年山西省侯马晋国遗址出土
- 入 1978 年

春秋 圭形侯马盟书

Ⓝ 14010921800016001375 39

Ⓐ 山西博物院

Ⓞ S.2344

Ⓖ 一级

Ⓒ 档案文书

Ⓓ 春秋

㎝ 长 5.5，宽 1.5

Ⓢ 1965 年山西省侯马晋国遗址出土

Ⓔ 1978 年

春秋 条形侯马盟书

Ⓝ 14010921800016001372 87

Ⓐ 山西博物院

Ⓞ S.2345

Ⓖ 一级

Ⓒ 档案文书

Ⓓ 春秋

㎝ 长 2.5，宽 1.4

Ⓢ 1965 年山西省侯马晋国遗址出土

Ⓔ 1978 年

春秋 条形侯马盟书

Ⓝ 14010921800016001373 21

Ⓐ 山西博物院

Ⓞ S.2346

Ⓖ 一级

Ⓒ 档案文书

Ⓓ 春秋

㎝ 长 3.4，宽 1.7

Ⓢ 1965 年山西省侯马晋国遗址出土

Ⓔ 1978 年

春秋 圭形侯马盟书

No 14010921800016 00137111

藏 山西博物院

原 S.2348

级 一级

类 档案文书

代 春秋

cm 长 18，宽 1.6

源 1965 年山西省侯马晋国遗址出土

入 1978 年

春秋 圭形侯马盟书

No 14010921800016 00137701

藏 山西博物院

原 S.2349

级 一级

类 档案文书

代 春秋

cm 长 17.4，宽 1.4

源 1965 年山西省侯马晋国遗址出土

入 1978 年

春秋 圭形侯马盟书

No 14010921800016 00137398

藏 山西博物院

原 S.2350

级 一级

类 档案文书

代 春秋

cm 长 14.9，宽 1.7

源 1965 年山西省侯马晋国遗址出土

入 1978 年

春秋 圭形侯马盟书

No 1401092180001600135633

藏 山西博物院

原 S.2351

级 一级

类 档案文书

代 春秋

cm 长 14.8，宽 1.6

源 1965 年山西省侯马晋国遗址出土

入 1978 年

春秋 圭形侯马盟书

No 1401092180001600137261

藏 山西博物院

原 S.2352

级 一级

类 档案文书

代 春秋

cm 长 11.9，宽 1.5

源 1965 年山西省侯马晋国遗址出土

入 1978 年

春秋 圭形侯马盟书

No 1401092180001600136297

藏 山西博物院

原 S.2353

级 一级

类 档案文书

代 春秋

cm 长 11.5，宽 1.7

源 1965 年山西省侯马晋国遗址出土

入 1978 年

春秋 圭形侯马盟书

No 14010921800016000137489

藏 山西博物院

原 S.2354

级 一级

类 档案文书

代 春秋

cm 长 4.5，宽 1.9

源 1965 年山西省侯马晋国遗址出土

入 1978 年

春秋 条形侯马盟书

No 14010921800016000135196

藏 山西博物院

原 S.2355

级 一级

类 档案文书

代 春秋

cm 长 6.8，宽 1.6

源 1965 年山西省侯马晋国遗址出土

入 1978 年

春秋 条形侯马盟书

No 14010921800016000137148

藏 山西博物院

原 S.2356

级 一级

类 档案文书

代 春秋

cm 长 6.5，宽 1.8

源 1965 年山西省侯马晋国遗址出土

入 1978 年

春秋　圭形侯马盟书

- No 14010921800001600136524
- 藏 山西博物院
- 原 S.2357
- 级 一级
- 类 档案文书
- 代 春秋
- cm 长 9.4，宽 1.7
- 源 1965 年山西省侯马晋国遗址出土
- 入 1978 年

春秋　条形侯马盟书

- No 14010921800001600135621
- 藏 山西博物院
- 原 S.2358
- 级 一级
- 类 档案文书
- 代 春秋
- cm 长 9.1，宽 1.7
- 源 1965 年山西省侯马晋国遗址出土
- 入 1978 年

春秋　圭形侯马盟书

- No 14010921800001600137450
- 藏 山西博物院
- 原 S.2359
- 级 一级
- 类 档案文书
- 代 春秋
- cm 长 8.7，宽 1.4
- 源 1965 年山西省侯马晋国遗址出土
- 入 1978 年

春秋 圭形侯马盟书

No 1401092180001600136296

藏 山西博物院

原 S.2360

级 一级

类 档案文书

代 春秋

cm 长 7.1，宽 1.7

源 1965 年山西省侯马晋国遗址出土

入 1978 年

春秋 圭形侯马盟书

No 1401092180001600137362

藏 山西博物院

原 S.2361

级 一级

类 档案文书

代 春秋

cm 长 7.3，宽 1.6

源 1965 年山西省侯马晋国遗址出土

入 1978 年

春秋 圭形侯马盟书

No 1401092180001600137144

藏 山西博物院

原 S.2362

级 一级

类 档案文书

代 春秋

cm 长 8，宽 1.7

源 1965 年山西省侯马晋国遗址出土

入 1978 年

春秋 圭形侯马盟书

No 14010921800016000137673

藏 山西博物院

原 S.2363

级 一级

类 档案文书

代 春秋

cm 长 11.1，宽 1.6

源 1965 年山西省侯马晋国遗址出土

入 1978 年

春秋 条形侯马盟书

No 14010921800016000137103

藏 山西博物院

原 S.2364

级 一级

类 档案文书

代 春秋

cm 长 10，宽 1.7

源 1965 年山西省侯马晋国遗址出土

入 1978 年

春秋 条形侯马盟书

No 14010921800016000137265

藏 山西博物院

原 S.2365

级 一级

类 档案文书

代 春秋

cm 长 9.8，宽 1.6

源 1965 年山西省侯马晋国遗址出土

入 1978 年

春秋　圭形侯马盟书

No 140109218000160013 6312

藏 山西博物院

原 S.2366

级 一级

类 档案文书

代 春秋

cm 长 8.2，宽 1.6

源 1965 年山西省侯马晋国遗址出土

入 1978 年

春秋　圭形侯马盟书

No 140109218000160013 7507

藏 山西博物院

原 S.2367

级 一级

类 档案文书

代 春秋

cm 长 8.7，宽 1.6

源 1965 年山西省侯马晋国遗址出土

入 1978 年

春秋　圭形侯马盟书

No 140109218000160013 7424

藏 山西博物院

原 S.2368

级 一级

类 档案文书

代 春秋

cm 长 7.5，宽 1.6

源 1965 年山西省侯马晋国遗址出土

入 1978 年

春秋　圭形侯马盟书

- No 14010921800016001362877
- 藏 山西博物院
- 原 S.2369
- 级 一级
- 类 档案文书
- 代 春秋
- cm 长 10.2，宽 1.6
- 源 1965 年山西省侯马晋国遗址出土
- 入 1978 年

春秋　圭形侯马盟书

- No 14010921800016001372755
- 藏 山西博物院
- 原 S.2370
- 级 一级
- 类 档案文书
- 代 春秋
- cm 长 10.1，宽 1.6
- 源 1965 年山西省侯马晋国遗址出土
- 入 1978 年

春秋　圭形侯马盟书

- No 14010921800016001377022
- 藏 山西博物院
- 原 S.2371
- 级 一级
- 类 档案文书
- 代 春秋
- cm 长 11，宽 1.7
- 源 1965 年山西省侯马晋国遗址出土
- 入 1978 年

春秋 圭形侯马盟书

No 14010921800016001375326

藏 山西博物院

原 S.2372

级 一级

类 档案文书

代 春秋

cm 长 5.7，宽 1.7

源 1965 年山西省侯马晋国遗址出土

入 1978 年

春秋 条形侯马盟书

No 14010921800016001373393

藏 山西博物院

原 S.2373

级 一级

类 档案文书

代 春秋

cm 长 5.5，宽 1.7

源 1965 年山西省侯马晋国遗址出土

入 1978 年

春秋 圭形侯马盟书

No 14010921800016001335208

藏 山西博物院

原 S.2374

级 一级

类 档案文书

代 春秋

cm 长 6.1，宽 1.5

源 1965 年山西省侯马晋国遗址出土

入 1978 年

春秋 条形侯马盟书

No 14010921800016000137274

藏 山西博物院

原 S.2375

级 一级

类 档案文书

代 春秋

cm 长 8.4，宽 1.6

源 1965 年山西省侯马晋国遗址出土

入 1978 年

春秋 圭形侯马盟书

No 14010921800016000137343

藏 山西博物院

原 S.2376

级 一级

类 档案文书

代 春秋

cm 长 7.4，宽 1.6

源 1965 年山西省侯马晋国遗址出土

入 1978 年

春秋 圭形侯马盟书

No 14010921800016000137377

藏 山西博物院

原 S.2377

级 一级

类 档案文书

代 春秋

cm 长 8.9，宽 1.6

源 1965 年山西省侯马晋国遗址出土

入 1978 年

春秋　条形侯马盟书

- No 14010921800001600135198
- 藏 山西博物院
- 原 S.2378
- 级 一级
- 类 档案文书
- 代 春秋
- cm 长 6.7，宽 1.7
- 源 1965 年山西省侯马晋国遗址出土
- 入 1978 年

春秋　圭形侯马盟书

- No 14010921800001600136518
- 藏 山西博物院
- 原 S.2379
- 级 一级
- 类 档案文书
- 代 春秋
- cm 长 5.7，宽 1.6
- 源 1965 年山西省侯马晋国遗址出土
- 入 1978 年

春秋　条形侯马盟书

- No 14010921800001600137310
- 藏 山西博物院
- 原 S.2380
- 级 一级
- 类 档案文书
- 代 春秋
- cm 长 6.5，宽 1.6
- 源 1965 年山西省侯马晋国遗址出土
- 入 1978 年

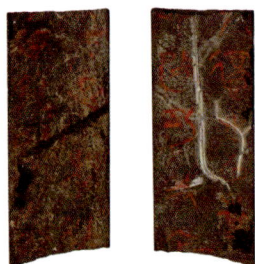

春秋 条形侯马盟书

- No 1401092180001600137057
- 藏 山西博物院
- 原 S.2381
- 级 一级
- 类 档案文书
- 代 春秋
- cm 长 3.6，宽 1.5
- 源 1965 年山西省侯马晋国遗址出土
- 入 1978 年

春秋 条形侯马盟书

- No 1401092180001600136548
- 藏 山西博物院
- 原 S.2382
- 级 一级
- 类 档案文书
- 代 春秋
- cm 长 4.3，宽 1.6
- 源 1965 年山西省侯马晋国遗址出土
- 入 1978 年

春秋 圭形侯马盟书

- No 1401092180001600137379
- 藏 山西博物院
- 原 S.2383
- 级 一级
- 类 档案文书
- 代 春秋
- cm 长 3，宽 1.6
- 源 1965 年山西省侯马晋国遗址出土
- 入 1978 年

春秋 圭形侯马盟书

- (No) 14010921800016001375511
- (藏) 山西博物院
- (原) S.2384
- (级) 一级
- (类) 档案文书
- (代) 春秋
- (cm) 长 3.1，宽 1.6
- (源) 1965 年山西省侯马晋国遗址出土
- (入) 1978 年

春秋 圭形侯马盟书

- (No) 14010921800016001365066
- (藏) 山西博物院
- (原) S.2385
- (级) 一级
- (类) 档案文书
- (代) 春秋
- (cm) 长 2.9，宽 1.6
- (源) 1965 年山西省侯马晋国遗址出土
- (入) 1978 年

春秋 圭形侯马盟书

- (No) 14010921800016001356199
- (藏) 山西博物院
- (原) S.2386
- (级) 一级
- (类) 档案文书
- (代) 春秋
- (cm) 长 3.8，宽 1.5
- (源) 1965 年山西省侯马晋国遗址出土
- (入) 1978 年

春秋 圭形侯马盟书

No 1401092180001600137135

藏 山西博物院

原 S.2387

级 一级

类 档案文书

代 春秋

cm 长 3.9，宽 1.5

源 1965 年山西省侯马晋国遗址出土

入 1978 年

春秋 圭形侯马盟书

No 1401092180001600137446

藏 山西博物院

原 S.2388

级 一级

类 档案文书

代 春秋

cm 长 5，宽 1.5

源 1965 年山西省侯马晋国遗址出土

入 1978 年

春秋 圭形侯马盟书

No 1401092180001600137134

藏 山西博物院

原 S.2389

级 一级

类 档案文书

代 春秋

cm 长 5.1，宽 1.6

源 1965 年山西省侯马晋国遗址出土

入 1978 年

春秋 条形侯马盟书

No 1401092180001600135614

藏 山西博物院

原 S.2390

级 一级

类 档案文书

代 春秋

cm 长 3，宽 1.6

源 1965 年山西省侯马晋国遗址出土

入 1978 年

春秋 圭形侯马盟书

No 1401092180001600137370

藏 山西博物院

原 S.2391

级 一级

类 档案文书

代 春秋

cm 长 2.4，宽 1.4

源 1965 年山西省侯马晋国遗址出土

入 1978 年

春秋 圭形侯马盟书

No 1401092180001600137714

藏 山西博物院

原 S.2392

级 一级

类 档案文书

代 春秋

cm 长 2.8，宽 1.5

源 1965 年山西省侯马晋国遗址出土

入 1978 年

春秋　条形侯马盟书

No 14010921800016001364991
藏 山西博物院
原 S.2393
级 一级
类 档案文书
代 春秋
cm 长 4.5，宽 1.6
源 1965 年山西省侯马晋国遗址出土
入 1978 年

春秋　圭形侯马盟书

No 14010921800016001377119
藏 山西博物院
原 S.2394
级 一级
类 档案文书
代 春秋
cm 长 9.1，宽 1.6
源 1965 年山西省侯马晋国遗址出土
入 1978 年

春秋　圭形侯马盟书

No 14010921800016001351811
藏 山西博物院
原 S.2396
级 一级
类 档案文书
代 春秋
cm 长 9.2，宽 1.6
源 1965 年山西省侯马晋国遗址出土
入 1978 年

春秋　条形侯马盟书

No 14010921800016000136536

藏 山西博物院

原 S.2397

级 一级

类 档案文书

代 春秋

cm 长 4.3，宽 1.8

源 1965 年山西省侯马晋国遗址出土

入 1978 年

春秋　条形侯马盟书

No 14010921800016000135617

藏 山西博物院

原 S.2398

级 一级

类 档案文书

代 春秋

cm 长 7.3，宽 1.5

源 1965 年山西省侯马晋国遗址出土

入 1978 年

春秋　圭形侯马盟书

No 14010921800016000135182

藏 山西博物院

原 S.2399

级 一级

类 档案文书

代 春秋

cm 长 7.3，宽 1.8

源 1965 年山西省侯马晋国遗址出土

入 1978 年

春秋 条形侯马盟书

No 14010921800016001356112

藏 山西博物院

原 S.2400

级 一级

类 档案文书

代 春秋

cm 长 5.2，宽 1.5

源 1965 年山西省侯马晋国遗址出土

入 1978 年

春秋 条形侯马盟书

No 14010921800016001356220

藏 山西博物院

原 S.2401

级 一级

类 档案文书

代 春秋

cm 长 3.6，宽 1.6

源 1965 年山西省侯马晋国遗址出土

入 1978 年

春秋 条形侯马盟书

No 14010921800016001363077

藏 山西博物院

原 S.2402

级 一级

类 档案文书

代 春秋

cm 长 3.3，宽 1.3

源 1965 年山西省侯马晋国遗址出土

入 1978 年

春秋　圭形侯马盟书

No 14010921800016000136482

藏 山西博物院

原 S.2407

级 一级

类 档案文书

代 春秋

cm 长 18.7，宽 1.7

源 1965 年山西省侯马晋国遗址出土

入 1978 年

春秋　圭形侯马盟书

No 14010921800016000135606

藏 山西博物院

原 S.2408

级 一级

类 档案文书

代 春秋

cm 长 18.5，宽 1.6

源 1965 年山西省侯马晋国遗址出土

入 1978 年

春秋　条形侯马盟书

No 14010921800016000135629

藏 山西博物院

原 S.2409

级 一级

类 档案文书

代 春秋

cm 长 13.9，宽 1.6

源 1965 年山西省侯马晋国遗址出土

入 1978 年

春秋　圭形侯马盟书

No 1401092180001600135215

藏 山西博物院

原 S.2410

级 一级

类 档案文书

代 春秋

cm 长 13.7，宽 1.75

源 1965 年山西省侯马晋国遗址出土

入 1978 年

春秋　条形侯马盟书

No 1401092180001600137485

藏 山西博物院

原 S.2411

级 一级

类 档案文书

代 春秋

cm 长 11.4，宽 1.5

源 1965 年山西省侯马晋国遗址出土

入 1978 年

春秋　条形侯马盟书

No 1401092180001600136289

藏 山西博物院

原 S.2412

级 一级

类 档案文书

代 春秋

cm 长 11.8，宽 1.4

源 1965 年山西省侯马晋国遗址出土

入 1978 年

春秋 圭形侯马盟书

- No 1401092180001600137442
- 藏 山西博物院
- 原 S.2413
- 级 一级
- 类 档案文书
- 代 春秋
- cm 长 5.2，宽 1.5
- 源 1965 年山西省侯马晋国遗址出土
- 入 1978 年

春秋 圭形侯马盟书

- No 1401092180001600137119
- 藏 山西博物院
- 原 S.2414
- 级 一级
- 类 档案文书
- 代 春秋
- cm 长 5.1，宽 1.5
- 源 1965 年山西省侯马晋国遗址出土
- 入 1978 年

春秋 圭形侯马盟书

- No 1401092180001600136493
- 藏 山西博物院
- 原 S.2415
- 级 一级
- 类 档案文书
- 代 春秋
- cm 长 4.6，宽 1.5
- 源 1965 年山西省侯马晋国遗址出土
- 入 1978 年

春秋 圭形侯马盟书

- ⓃⓄ 14010921800016001365l3
- 藏 山西博物院
- 原 S.2416
- 级 一级
- 类 档案文书
- 代 春秋
- ㎝ 长 7.3，宽 1.5
- 源 1965 年山西省侯马晋国遗址出土
- 入 1978 年

春秋 条形侯马盟书

- ⓃⓄ 14010921800016001370i9
- 藏 山西博物院
- 原 S.2417
- 级 一级
- 类 档案文书
- 代 春秋
- ㎝ 长 8.4，宽 1.65
- 源 1965 年山西省侯马晋国遗址出土
- 入 1978 年

春秋 璋形侯马盟书

- ⓃⓄ 14010921800016001362g4
- 藏 山西博物院
- 原 S.2418
- 级 一级
- 类 档案文书
- 代 春秋
- ㎝ 长 8.2，宽 1.7
- 源 1965 年山西省侯马晋国遗址出土
- 入 1978 年

春秋　圭形侯马盟书

Ⓝ 14010921800016001372390

㊂ 山西博物院

㊉ S.2419

㊎ 一级

㊒ 档案文书

㊐ 春秋

㎝ 长 11.3，宽 1.5

㊀ 1965 年山西省侯马晋国遗址出土

Ⓐ 1978 年

春秋　圭形侯马盟书

Ⓝ 14010921800016001372292

㊂ 山西博物院

㊉ S.2420

㊎ 一级

㊒ 档案文书

㊐ 春秋

㎝ 长 9.3，宽 1.65

㊀ 1965 年山西省侯马晋国遗址出土

Ⓐ 1978 年

春秋　圭形侯马盟书

Ⓝ 14010921800016001371224

㊂ 山西博物院

㊉ S.2421

㊎ 一级

㊒ 档案文书

㊐ 春秋

㎝ 长 8，宽 1.5

㊀ 1965 年山西省侯马晋国遗址出土

Ⓐ 1978 年

春秋 圭形侯马盟书

Ⓝ 1401092180001600137294

㉓ 山西博物院

㈦ S.2422

㈧ 一级

㉝ 档案文书

㈹ 春秋

㎝ 长 5.6，宽 1.6

㊾ 1965 年山西省侯马晋国遗址出土

㣺 1978 年

春秋 圭形侯马盟书

Ⓝ 1401092180001600137257

㉓ 山西博物院

㈦ S.2423

㈧ 一级

㉝ 档案文书

㈹ 春秋

㎝ 长 6.1，宽 1.5

㊾ 1965 年山西省侯马晋国遗址出土

㣺 1978 年

春秋 圭形侯马盟书

Ⓝ 1401092180001600137378

㉓ 山西博物院

㈦ S.2424

㈧ 一级

㉝ 档案文书

㈹ 春秋

㎝ 长 4.8，宽 1.7

㊾ 1965 年山西省侯马晋国遗址出土

㣺 1978 年

春秋 圭形侯马盟书

No 1401092180001600137705

藏 山西博物院

原 S.2425

级 一级

类 档案文书

代 春秋

cm 长 4.7，宽 1.6

源 1965 年山西省侯马晋国遗址出土

入 1978 年

春秋 圭形侯马盟书

No 1401092180001600137267

藏 山西博物院

原 S.2426

级 一级

类 档案文书

代 春秋

cm 长 4.6，宽 1.7

源 1965 年山西省侯马晋国遗址出土

入 1978 年

春秋 圭形侯马盟书

No 1401092180001600137430

藏 山西博物院

原 S.2427

级 一级

类 档案文书

代 春秋

cm 长 3.8，宽 1.6

源 1965 年山西省侯马晋国遗址出土

入 1978 年

春秋 圭形侯马盟书

No 14010921800016001370061

藏 山西博物院

原 S.2428

级 一级

类 档案文书

代 春秋

cm 长 4，宽 1.6

源 1965 年山西省侯马晋国遗址出土

入 1978 年

春秋 圭形侯马盟书

No 14010921800016001375251

藏 山西博物院

原 S.2429

级 一级

类 档案文书

代 春秋

cm 长 2.4，宽 1.4

源 1965 年山西省侯马晋国遗址出土

入 1978 年

春秋 条形侯马盟书

No 14010921800016001376791

藏 山西博物院

原 S.2430

级 一级

类 档案文书

代 春秋

cm 长 4.3，宽 1.6

源 1965 年山西省侯马晋国遗址出土

入 1978 年

春秋 璋形侯马盟书

Ⓝ 1401092180001600137066

藏 山西博物院

原 S.2431

级 一级

类 档案文书

代 春秋

㎝ 长 6.9，宽 1.3

源 1965 年山西省侯马晋国遗址出土

入 1978 年

春秋 圭形侯马盟书

Ⓝ 1401092180001600136285

藏 山西博物院

原 S.2432

级 一级

类 档案文书

代 春秋

㎝ 长 5.2，宽 1.5

源 1965 年山西省侯马晋国遗址出土

入 1978 年

春秋 圭形侯马盟书

Ⓝ 1401092180001600135610

藏 山西博物院

原 S.2433

级 一级

类 档案文书

代 春秋

㎝ 长 4.4，宽 1.6

源 1965 年山西省侯马晋国遗址出土

入 1978 年

春秋 圭形侯马盟书

Ⓝ 140109218000160013 5626

㊙ 山西博物院

㊐ S.2434

㊕ 一级

㊖ 档案文书

㊗ 春秋

㎝ 长 4.5，宽 1.4

㊚ 1965 年山西省侯马晋国遗址出土

㊙ 1978 年

春秋 条形侯马盟书

Ⓝ 140109218000160013 7676

㊙ 山西博物院

㊐ S.2435

㊕ 一级

㊖ 档案文书

㊗ 春秋

㎝ 长 3.4，宽 1.7

㊚ 1965 年山西省侯马晋国遗址出土

㊙ 1978 年

春秋 条形侯马盟书

Ⓝ 140109218000160013 7056

㊙ 山西博物院

㊐ S.2436

㊕ 一级

㊖ 档案文书

㊗ 春秋

㎝ 长 4.9，宽 1.6

㊚ 1965 年山西省侯马晋国遗址出土

㊙ 1978 年

春秋 圭形侯马盟书

No 14010921800016001371O7
藏 山西博物院
原 S.2445
级 一级
类 档案文书
代 春秋
cm 长 9，宽 3.5
源 1965 年山西省侯马晋国遗址出土
入 1978 年

春秋 条形侯马盟书

No 14010921800016001373宛97
藏 山西博物院
原 S.2446
级 一级
类 档案文书
代 春秋
cm 长 8，宽 1.7
源 1965 年山西省侯马晋国遗址出土
入 1978 年

春秋 条形侯马盟书

No 14010921800016001372 79

藏 山西博物院

原 S.2447

级 一级

类 档案文书

代 春秋

cm 长 10，宽 3

源 1965 年山西省侯马晋国遗址出土

入 1978 年

春秋 圭形侯马盟书

No 14010921800016001370 72

藏 山西博物院

原 S.2448

级 一级

类 档案文书

代 春秋

cm 长 3.2，宽 1.5

源 1965 年山西省侯马晋国遗址出土

入 1978 年

春秋 条形侯马盟书

No 14010921800016001365 22

藏 山西博物院

原 S.2449

级 一级

类 档案文书

代 春秋

cm 长 8.5，宽 1.8

源 1965 年山西省侯马晋国遗址出土

入 1978 年

春秋 条形侯马盟书

No 14010921800016000135637

藏 山西博物院

原 S.2450

级 一级

类 档案文书

代 春秋

cm 长 6.2，宽 1.4

源 1965 年山西省侯马晋国遗址出土

入 1978 年

春秋 条形侯马盟书

No 14010921800016000137518

藏 山西博物院

原 S.2451

级 一级

类 档案文书

代 春秋

cm 长 10.8，宽 1.8

源 1965 年山西省侯马晋国遗址出土

入 1978 年

春秋 圭形侯马盟书

No 14010921800016000135217

藏 山西博物院

原 S.2452

级 一级

类 档案文书

代 春秋

cm 长 11.2，宽 1.9

源 1965 年山西省侯马晋国遗址出土

入 1978 年

春秋 条形侯马盟书

- No 140109218000160137121
- 藏 山西博物院
- 原 S.2453
- 级 一级
- 类 档案文书
- 代 春秋
- cm 长 5.6，宽 1.4
- 源 1965 年山西省侯马晋国遗址出土
- 入 1978 年

春秋 条形侯马盟书

- No 140109218000160135218
- 藏 山西博物院
- 原 S.2454
- 级 一级
- 类 档案文书
- 代 春秋
- cm 长 2.6，宽 1.6
- 源 1965 年山西省侯马晋国遗址出土
- 入 1978 年

春秋 条形侯马盟书

- No 140109218000160137280
- 藏 山西博物院
- 原 S.2455
- 级 一级
- 类 档案文书
- 代 春秋
- cm 长 4.1，宽 1.4
- 源 1965 年山西省侯马晋国遗址出土
- 入 1978 年

春秋 圭形侯马盟书

No 1401092180001600136319

藏 山西博物院

原 S.2456

级 一级

类 档案文书

代 春秋

cm 长 25，宽 2.4

源 1965 年山西省侯马晋国遗址出土

入 1978 年

春秋 圭形侯马盟书

No 1401092180001600136507

藏 山西博物院

原 S.2457

级 一级

类 档案文书

代 春秋

cm 长 24.5，宽 3.1

源 1965 年山西省侯马晋国遗址出土

入 1978 年

春秋 圭形侯马盟书

No 1401092180001600137693

藏 山西博物院

原 S.2458

级 一级

类 档案文书

代 春秋

cm 长 25.3，宽 2.4

源 1965 年山西省侯马晋国遗址出土

入 1978 年

春秋 圭形侯马盟书

No 1401092180001600137309

藏 山西博物院

原 S.2459

级 一级

类 档案文书

代 春秋

cm 长 23.6，宽 2.7

源 1965 年山西省侯马晋国遗址出土

入 1978 年

春秋 圭形侯马盟书

No 1401092180001600137508

藏 山西博物院

原 S.2460

级 一级

类 档案文书

代 春秋

cm 长 11.8，宽 1.8

源 1965 年山西省侯马晋国遗址出土

入 1978 年

春秋 璋形侯马盟书

No 1401092180001600136489

藏 山西博物院

原 S.2461

级 一级

类 档案文书

代 春秋

cm 长 4.7，宽 1.6

源 1965 年山西省侯马晋国遗址出土

入 1978 年

春秋 圭形侯马盟书

No 1401092180001600137391

藏 山西博物院

原 S.2463

级 一级

类 档案文书

代 春秋

cm 长 9.1，宽 1.6

源 1965 年山西省侯马晋国遗址出土

入 1978 年

春秋 条形侯马盟书

No 1401092180001600137735

藏 山西博物院

原 S.2464

级 一级

类 档案文书

代 春秋

cm 长 7.7，宽 1.7

源 1965 年山西省侯马晋国遗址出土

入 1978 年

春秋 圭形侯马盟书

No 1401092180001600137486

藏 山西博物院

原 S.2465

级 一级

类 档案文书

代 春秋

cm 长 13，宽 1.6

源 1965 年山西省侯马晋国遗址出土

入 1978 年

春秋 条形侯马盟书

No 14010921800016000137510
藏 山西博物院
原 S.2466
级 一级
类 档案文书
代 春秋
cm 长 11.2，宽 1.6
源 1965 年山西省侯马晋国遗址出土
入 1978 年

春秋 条形侯马盟书

No 14010921800016000137146
藏 山西博物院
原 S.2467
级 一级
类 档案文书
代 春秋
cm 长 10，宽 1.6
源 1965 年山西省侯马晋国遗址出土
入 1978 年

春秋 圭形侯马盟书

No 14010921800016000137433
藏 山西博物院
原 S.2468
级 一级
类 档案文书
代 春秋
cm 长 3.9，宽 1.8
源 1965 年山西省侯马晋国遗址出土
入 1978 年

春秋 璋形侯马盟书

Ⓝ 14010921800016001373O1

Ⓐ 山西博物院

Ⓞ S.2469

Ⓖ 一级

Ⓣ 档案文书

Ⓓ 春秋

㎝ 长 4.8，宽 1.8

Ⓢ 1965 年山西省侯马晋国遗址出土

Ⓔ 1978 年

春秋 条形侯马盟书

Ⓝ 14010921800016001371O8

Ⓐ 山西博物院

Ⓞ S.2470

Ⓖ 一级

Ⓣ 档案文书

Ⓓ 春秋

㎝ 长 11.1，宽 1.6

Ⓢ 1965 年山西省侯马晋国遗址出土

Ⓔ 1978 年

春秋 条形侯马盟书

Ⓝ 140109218000160013725B

Ⓐ 山西博物院

Ⓞ S.2471

Ⓖ 一级

Ⓣ 档案文书

Ⓓ 春秋

㎝ 长 15.4，宽 1.5

Ⓢ 1965 年山西省侯马晋国遗址出土

Ⓔ 1978 年

春秋 条形侯马盟书

No 14010921800016001377 39

藏 山西博物院

原 S.2472

级 一级

类 档案文书

代 春秋

cm 长 11.4，宽 1.6

源 1965 年山西省侯马晋国遗址出土

入 1978 年

春秋 条形侯马盟书

No 14010921800016001364 90

藏 山西博物院

原 S.2486

级 一级

类 档案文书

代 春秋

cm 长 6，宽 1.55

源 1965 年山西省侯马晋国遗址出土

入 1978 年

春秋 随形侯马盟书

No 14010921800016001373 71

藏 山西博物院

原 S.2488

级 一级

类 档案文书

代 春秋

cm 长 7，宽 5.5

源 1965 年山西省侯马晋国遗址出土

入 1978 年

春秋 随形侯马盟书

No 14010921800016001377113

藏 山西博物院

原 S.2489

级 一级

类 档案文书

代 春秋

cm 长 9，宽 3

源 1965 年山西省侯马晋国遗址出土

入 1978 年

春秋 圭形侯马盟书

No 14010921800016001355640

藏 山西博物院

原 S.2490

级 一级

类 档案文书

代 春秋

cm 长 12.9，宽 1.8

源 1965 年山西省侯马晋国遗址出土

入 1978 年

春秋 条形侯马盟书

No 14010921800016001374115

藏 山西博物院

原 S.2491

级 一级

类 档案文书

代 春秋

cm 长 11，宽 1.7

源 1965 年山西省侯马晋国遗址出土

入 1978 年

春秋 圭形侯马盟书

- **No** 14010921800016000137291
- **藏** 山西博物院
- **原** S.2492
- **级** 一级
- **类** 档案文书
- **代** 春秋
- **cm** 长 9.6，宽 1.6
- **源** 1965 年山西省侯马晋国遗址出土
- **入** 1978 年

春秋 条形侯马盟书

- **No** 14010921800016000137413
- **藏** 山西博物院
- **原** S.2493
- **级** 一级
- **类** 档案文书
- **代** 春秋
- **cm** 长 4，宽 1.8
- **源** 1965 年山西省侯马晋国遗址出土
- **入** 1978 年

春秋 圭形侯马盟书

- **No** 14010921800016000137102
- **藏** 山西博物院
- **原** S.2494
- **级** 一级
- **类** 档案文书
- **代** 春秋
- **cm** 长 5.7，宽 1.6
- **源** 1965 年山西省侯马晋国遗址出土
- **入** 1978 年

春秋　条形侯马盟书

No 1401092180001600137087

藏 山西博物院

原 S.2495

级 一级

类 档案文书

代 春秋

cm 长 8.1，宽 1.8

源 1965 年山西省侯马晋国遗址出土

入 1978 年

春秋　条形侯马盟书

No 1401092180001600137709

藏 山西博物院

原 S.2496

级 一级

类 档案文书

代 春秋

cm 长 12.2，宽 1.7

源 1965 年山西省侯马晋国遗址出土

入 1978 年

春秋　圭形侯马盟书

No 1401092180001600137506

藏 山西博物院

原 S.2497

级 一级

类 档案文书

代 春秋

cm 长 8.2，宽 4

源 1965 年山西省侯马晋国遗址出土

入 1978 年

春秋　条形侯马盟书

No 14010921800016001364479

藏 山西博物院

原 S.2498

级 一级

类 档案文书

代 春秋

cm 长 2.7，宽 1.4

源 1965 年山西省侯马晋国遗址出土

入 1978 年

春秋　条形侯马盟书

No 14010921800016001355609

藏 山西博物院

原 S.2499

级 一级

类 档案文书

代 春秋

cm 长 3.3，宽 1.5

源 1965 年山西省侯马晋国遗址出土

入 1978 年

春秋　条形侯马盟书

No 14010921800016001374496

藏 山西博物院

原 S.2500

级 一级

类 档案文书

代 春秋

cm 长 9.2，宽 2.1

源 1965 年山西省侯马晋国遗址出土

入 1978 年

春秋　圭形侯马盟书

- No 1401092180001600137452
- 藏 山西博物院
- 原 S.2510
- 级 一级
- 类 档案文书
- 代 春秋
- cm 长 8.2，宽 2.8
- 源 1965 年山西省侯马晋国遗址出土
- 入 1978 年

春秋　条形侯马盟书

- No 1401092180001600135200
- 藏 山西博物院
- 原 S.2511
- 级 一级
- 类 档案文书
- 代 春秋
- cm 长 6，宽 1.4
- 源 1965 年山西省侯马晋国遗址出土
- 入 1978 年

春秋　圭形侯马盟书

- No 1401092180001600137440
- 藏 山西博物院
- 原 S.2526
- 级 一级
- 类 档案文书
- 代 春秋
- cm 长 4.9，宽 1.3
- 源 1965 年山西省侯马晋国遗址出土
- 入 1978 年

春秋 圭形侯马盟书

- № 1401092180001600136292
- 藏 山西博物院
- 原 S.2527
- 级 一级
- 类 档案文书
- 代 春秋
- cm 长 4.6，宽 1.6
- 源 1965 年山西省侯马晋国遗址出土
- 入 1978 年

春秋 条形侯马盟书

- № 1401092180001600136511
- 藏 山西博物院
- 原 S.2528
- 级 一级
- 类 档案文书
- 代 春秋
- cm 长 9.8，宽 1.7
- 源 1965 年山西省侯马晋国遗址出土
- 入 1978 年

春秋 条形侯马盟书

- № 1401092180001600137365
- 藏 山西博物院
- 原 S.2529
- 级 一级
- 类 档案文书
- 代 春秋
- cm 长 6.5，宽 1.7
- 源 1965 年山西省侯马晋国遗址出土
- 入 1978 年

春秋 圭形侯马盟书

- No 14010921800016 00137143
- 藏 山西博物院
- 原 S.2530
- 级 一级
- 类 档案文书
- 代 春秋
- cm 长 5.4，宽 1.5
- 源 1965 年山西省侯马晋国遗址出土
- 入 1978 年

春秋 圭形侯马盟书

- No 14010921800016 00136495
- 藏 山西博物院
- 原 S.2539
- 级 一级
- 类 档案文书
- 代 春秋
- cm 长 6.1，宽 3.2
- 源 1965 年山西省侯马晋国遗址出土
- 入 1978 年

春秋 圭形侯马盟书

- No 14010921800016 00137341
- 藏 山西博物院
- 原 S.2542
- 级 一级
- 类 档案文书
- 代 春秋
- cm 长 9.7，宽 2.4
- 源 1965 年山西省侯马晋国遗址出土
- 入 1978 年

春秋 条形侯马盟书

No 1401092180001600137523

藏 山西博物院

原 S.2543

级 一级

类 档案文书

代 春秋

cm 长 9，宽 3

源 1965 年山西省侯马晋国遗址出土

入 1978 年

春秋 圭形侯马盟书

No 1401092180001600137106

藏 山西博物院

原 S.2544

级 一级

类 档案文书

代 春秋

cm 长 8.7，宽 1.9

源 1965 年山西省侯马晋国遗址出土

入 1978 年

春秋 圭形侯马盟书

No 1401092180001600136316

藏 山西博物院

原 S.2545

级 一级

类 档案文书

代 春秋

cm 长 10.3，宽 1.7

源 1965 年山西省侯马晋国遗址出土

入 1978 年

春秋 圭形侯马盟书

No 14010921800016001374242

藏 山西博物院

原 S.2546

级 一级

类 档案文书

代 春秋

cm 长 9.6，宽 1.7

源 1965 年山西省侯马晋国遗址出土

入 1978 年

春秋 条形侯马盟书

No 14010921800016001351977

藏 山西博物院

原 S.2547

级 一级

类 档案文书

代 春秋

cm 长 5.8，宽 1.5

源 1965 年山西省侯马晋国遗址出土

入 1978 年

春秋 条形侯马盟书

No 14010921800016001356133

藏 山西博物院

原 S.2548

级 一级

类 档案文书

代 春秋

cm 长 5.3，宽 1.6

源 1965 年山西省侯马晋国遗址出土

入 1978 年

春秋 条形侯马盟书

Ⓝ 1401092180001600136521

㊙ 山西博物院

㊥ S.2549

㊤ 一级

㊧ 档案文书

㊣ 春秋

㎝ 长 6.2，宽 1.6

㊬ 1965 年山西省侯马晋国遗址出土

㊤ 1978 年

春秋 条形侯马盟书

Ⓝ 1401092180001600137426

㊙ 山西博物院

㊥ S.2550

㊤ 一级

㊧ 档案文书

㊣ 春秋

㎝ 长 2.2，宽 1.7

㊬ 1965 年山西省侯马晋国遗址出土

㊤ 1978 年

春秋 圭形侯马盟书

Ⓝ 1401092180001600135178

㊙ 山西博物院

㊥ S.2551

㊤ 一级

㊧ 档案文书

㊣ 春秋

㎝ 长 3.7，宽 1.6

㊬ 1965 年山西省侯马晋国遗址出土

㊤ 1978 年

春秋 条形侯马盟书

No 1401092180001600137482

藏 山西博物院

原 S.2552

级 一级

类 档案文书

代 春秋

cm 长 2.1，宽 1.6

源 1965 年山西省侯马晋国遗址出土

入 1978 年

春秋 圭形侯马盟书

No 1401092180001600137651

藏 山西博物院

原 S.2553

级 一级

类 档案文书

代 春秋

cm 长 8.3，宽 1.6

源 1965 年山西省侯马晋国遗址出土

入 1978 年

春秋 条形侯马盟书

No 1401092180001600137656

藏 山西博物院

原 S.2554

级 一级

类 档案文书

代 春秋

cm 长 8，宽 1.7

源 1965 年山西省侯马晋国遗址出土

入 1978 年

春秋 条形侯马盟书

- ⃝No 1401092180001600137335
- ⃝藏 山西博物院
- ⃝原 S.2555
- ⃝级 一级
- ⃝类 档案文书
- ⃝代 春秋
- ⃝cm 长 5.7，宽 1.7
- ⃝源 1965 年山西省侯马晋国遗址出土
- ⃝入 1978 年

春秋 条形侯马盟书

- ⃝No 1401092180001600137359
- ⃝藏 山西博物院
- ⃝原 S.2556
- ⃝级 一级
- ⃝类 档案文书
- ⃝代 春秋
- ⃝cm 长 5，宽 1.8
- ⃝源 1965 年山西省侯马晋国遗址出土
- ⃝入 1978 年

春秋 条形侯马盟书

- ⃝No 1401092180001600137487
- ⃝藏 山西博物院
- ⃝原 S.2557
- ⃝级 一级
- ⃝类 档案文书
- ⃝代 春秋
- ⃝cm 长 5，宽 1.6
- ⃝源 1965 年山西省侯马晋国遗址出土
- ⃝入 1978 年

春秋　条形侯马盟书

No 14010921800016001365337

藏 山西博物院

原 S.2558

级 一级

类 档案文书

代 春秋

cm 长 4.3，宽 1.7

源 1965 年山西省侯马晋国遗址出土

入 1978 年

春秋　条形侯马盟书

No 14010921800016001370770

藏 山西博物院

原 S.2559

级 一级

类 档案文书

代 春秋

cm 长 5.6，宽 1.6

源 1965 年山西省侯马晋国遗址出土

入 1978 年

春秋　条形侯马盟书

No 14010921800016001372262

藏 山西博物院

原 S.2560

级 一级

类 档案文书

代 春秋

cm 长 4.2，宽 1.6

源 1965 年山西省侯马晋国遗址出土

入 1978 年

春秋 条形侯马盟书

No 14010921800016000136492

藏 山西博物院

原 S.2561

级 一级

类 档案文书

代 春秋

cm 长 5.5，宽 1.8

源 1965 年山西省侯马晋国遗址出土

入 1978 年

春秋 条形侯马盟书

No 14010921800016000136523

藏 山西博物院

原 S.2562

级 一级

类 档案文书

代 春秋

cm 长 4.5，宽 1.6

源 1965 年山西省侯马晋国遗址出土

入 1978 年

春秋 条形侯马盟书

No 14010921800016000137289

藏 山西博物院

原 S.2563

级 一级

类 档案文书

代 春秋

cm 长 3.3，宽 1.6

源 1965 年山西省侯马晋国遗址出土

入 1978 年

春秋　条形侯马盟书

- No 1401092180001600137499
- 藏 山西博物院
- 原 S.2564
- 级 一级
- 类 档案文书
- 代 春秋
- cm 长 4.8，宽 2.3
- 源 1965 年山西省侯马晋国遗址出土
- 入 1978 年

春秋　条形侯马盟书

- No 1401092180001600137302
- 藏 山西博物院
- 原 S.2650
- 级 一级
- 类 档案文书
- 代 春秋
- cm 长 18.7，宽 3.8
- 源 1965 年山西省侯马晋国遗址出土
- 入 1978 年

春秋　条形侯马盟书

- No 1401092180001600137118
- 藏 山西博物院
- 原 S.2653
- 级 一级
- 类 档案文书
- 代 春秋
- cm 长 7.3，宽 1.7
- 源 1965 年山西省侯马晋国遗址出土
- 入 1978 年

春秋 条形侯马盟书

- No 14010921800016001371152
- 藏 山西博物院
- 原 S.2440
- 级 一级
- 类 档案文书
- 代 春秋
- cm 长 4，宽 1.4
- 源 1965 年山西省侯马晋国遗址出土
- 入 1978 年

春秋 条形侯马盟书

- No 14010921800016001363303
- 藏 山西博物院
- 原 S.2441
- 级 一级
- 类 档案文书
- 代 春秋
- cm 长 3，宽 1.8
- 源 1965 年山西省侯马晋国遗址出土
- 入 1978 年

春秋 随形侯马盟书

- No 14010921800016001373316
- 藏 山西博物院
- 原 S.2442
- 级 一级
- 类 档案文书
- 代 春秋
- cm 长 2.5，宽 1.6
- 源 1965 年山西省侯马晋国遗址出土
- 入 1978 年

春秋　随形侯马盟书

- Ⓝ 14010921800016000136541
- ㊂ 山西博物院
- ㊟ S.2443
- ㊟ 一级
- ㊟ 档案文书
- ㊟ 春秋
- ㎝ 长 4.6，宽 1.4
- ㊟ 1965 年山西省侯马晋国遗址出土
- ㊟ 1978 年

春秋　随形侯马盟书

- Ⓝ 14010921800016000137733
- ㊂ 山西博物院
- ㊟ S.2521
- ㊟ 一级
- ㊟ 档案文书
- ㊟ 春秋
- ㎝ 长 7.5，宽 5.6
- ㊟ 1965 年山西省侯马晋国遗址出土
- ㊟ 1978 年

春秋　随形侯马盟书

- Ⓝ 14010921800016000136286
- ㊂ 山西博物院
- ㊟ S.2522
- ㊟ 一级
- ㊟ 档案文书
- ㊟ 春秋
- ㎝ 长 7.6，宽 5.3
- ㊟ 1965 年山西省侯马晋国遗址出土
- ㊟ 1978 年

春秋 方形侯马盟书
- **No** 1401092180001600126966
- **藏** 山西博物院
- **原** S.2523
- **级** 一级
- **类** 档案文书
- **代** 春秋
- **cm** 长 4.9，宽 5
- **源** 1965 年山西省侯马晋国遗址出土
- **入** 1978 年

春秋 圭形侯马盟书
- **No** 1401092180001600127218
- **藏** 山西博物院
- **原** S.2524
- **级** 一级
- **类** 档案文书
- **代** 春秋
- **cm** 长 13.4，宽 3.6
- **源** 1965 年山西省侯马晋国遗址出土
- **入** 1978 年

春秋 圭形侯马盟书
- **No** 1401092180001600136487
- **藏** 山西博物院
- **原** S.2525
- **级** 一级
- **类** 档案文书
- **代** 春秋
- **cm** 长 4.4，宽 1.5
- **源** 1965 年山西省侯马晋国遗址出土
- **入** 1978 年

春秋 圭形侯马盟书

No 14010921800016000137420

藏 山西博物院

原 S.2534

级 一级

类 档案文书

代 春秋

cm 长 17.5，宽 6.6

源 1965 年山西省侯马晋国遗址出土

入 1978 年

春秋 条形侯马盟书

No 14010921800016000136528

藏 山西博物院

原 S.2535

级 一级

类 档案文书

代 春秋

cm 长 7.2，宽 6.4

源 1965 年山西省侯马晋国遗址出土

入 1978 年

春秋 条形侯马盟书

春秋 条形侯马盟书

№ 14010921800016600136545

藏 山西博物院

原 S.2639

级 一级

类 档案文书

代 春秋

㎝ 长 6.1，宽 1.6

源 1965 年山西省侯马晋国遗址出土

入 1978 年

春秋 条形侯马盟书

№ 14010921800016600137296

藏 山西博物院

原 S.2640

级 一级

类 档案文书

代 春秋

㎝ 长 5.2，宽 1.6

源 1965 年山西省侯马晋国遗址出土

入 1978 年

春秋 条形侯马盟书

№ 14010921800016600137313

藏 山西博物院

原 S.2641

级 一级

类 档案文书

代 春秋

㎝ 长 5.2，宽 1.8

源 1965 年山西省侯马晋国遗址出土

入 1978 年

春秋　条形侯马盟书

- No 14010921800016000137534
- 藏 山西博物院
- 原 S.2642
- 级 一级
- 类 档案文书
- 代 春秋
- cm 长 4.4，宽 2
- 源 1965 年山西省侯马晋国遗址出土
- 入 1978 年

春秋　条形侯马盟书

- No 14010921800016000137721
- 藏 山西博物院
- 原 S.2643
- 级 一级
- 类 档案文书
- 代 春秋
- cm 长 3，宽 1.7
- 源 1965 年山西省侯马晋国遗址出土
- 入 1978 年

春秋　条形侯马盟书

- No 14010921800016000137327
- 藏 山西博物院
- 原 S.2644
- 级 一级
- 类 档案文书
- 代 春秋
- cm 长 3.9，宽 1.9
- 源 1965 年山西省侯马晋国遗址出土
- 入 1978 年

春秋 随形侯马盟书

- No 1401092180001600137407
- 藏 山西博物院
- 原 S.2645
- 级 一级
- 类 档案文书
- 代 春秋
- cm 长 2.7，宽 1.3
- 源 1965 年山西省侯马晋国遗址出土
- 入 1978 年

春秋 条形侯马盟书

- No 1401092180001600137366
- 藏 山西博物院
- 原 S.2646
- 级 一级
- 类 档案文书
- 代 春秋
- cm 长 10，宽 1.5
- 源 1965 年山西省侯马晋国遗址出土
- 入 1978 年

春秋 条形侯马盟书

- No 1401092180001600137472
- 藏 山西博物院
- 原 S.2328
- 级 一级
- 类 档案文书
- 代 春秋
- cm 长 4.1，宽 1.55
- 源 1965 年山西省侯马晋国遗址出土
- 入 1978 年

春秋　条形侯马盟书

- No 14010921800016000136508
- 藏 山西博物院
- 原 S.2444
- 级 一级
- 类 档案文书
- 代 春秋
- cm 长 4.1，宽 1.8
- 源 1965 年山西省侯马晋国遗址出土
- 入 1978 年

春秋　圭形侯马盟书

- No 14010921800016000137122
- 藏 山西博物院
- 原 S.2462
- 级 一级
- 类 档案文书
- 代 春秋
- cm 长 7.7，宽 1.4
- 源 1965 年山西省侯马晋国遗址出土
- 入 1978 年

春秋　条形侯马盟书

- No 14010921800016000135184
- 藏 山西博物院
- 原 S.2473
- 级 一级
- 类 档案文书
- 代 春秋
- cm 长 12.4，宽 1.5
- 源 1965 年山西省侯马晋国遗址出土
- 入 1978 年

春秋 圭形侯马盟书

- **No** 14010921800016001272555
- **藏** 山西博物院
- **原** S.2124
- **级** 一级
- **类** 档案文书
- **代** 春秋
- **cm** 长 22.7，宽 3.6
- **源** 1965 年山西省侯马晋国遗址出土
- **入** 1978 年

春秋 圭形侯马盟书

- **No** 14010921800016001337456
- **藏** 山西博物院
- **原** S.2125
- **级** 一级
- **类** 档案文书
- **代** 春秋
- **cm** 长 21.6，宽 3.8
- **源** 1965 年山西省侯马晋国遗址出土
- **入** 1978 年

春秋 圭形侯马盟书

No 14010921800016000137114

藏 山西博物院

原 S.2126

级 一级

类 档案文书

代 春秋

cm 长 19.3，宽 3.7

源 1965 年山西省侯马晋国遗址出土

入 1978 年

春秋 圭形侯马盟书

No 14010921800016000137286

藏 山西博物院

原 S.2127

级 一级

类 档案文书

代 春秋

cm 长 21.6，宽 3.3

源 1965 年山西省侯马晋国遗址出土

入 1978 年

春秋 圭形侯马盟书

No 14010921800016001 36485

藏 山西博物院

原 S.2128

级 一级

类 档案文书

代 春秋

cm 长 18.3，宽 4.2

源 1965 年山西省侯马晋国遗址出土

入 1978 年

春秋 圭形侯马盟书

No 14010921800016001 34644

藏 山西博物院

原 S.2129

级 一级

类 档案文书

代 春秋

cm 长 18.6，宽 3.1

源 1965 年山西省侯马晋国遗址出土

入 1978 年

春秋 圭形侯马盟书

- No 14010921800016 00136321
- 藏 山西博物院
- 原 S.2130
- 级 一级
- 类 档案文书
- 代 春秋
- cm 长 15，宽 1.9
- 源 1965 年山西省侯马晋国遗址出土
- 入 1978 年

春秋 圭形侯马盟书

- No 14010921800016 00137514
- 藏 山西博物院
- 原 S.2131
- 级 一级
- 类 档案文书
- 代 春秋
- cm 长 14.5，宽 4.9
- 源 1965 年山西省侯马晋国遗址出土
- 入 1978 年

春秋 圭形侯马盟书

No 1401092180001600137060

藏 山西博物院

原 S.2132

级 一级

类 档案文书

代 春秋

cm 长 19.5，宽 3.5

源 1965 年山西省侯马晋国遗址出土

入 1978 年

春秋 圭形侯马盟书

No 1401092180001600137078

藏 山西博物院

原 S.2133

级 一级

类 档案文书

代 春秋

cm 长 19.7，宽 4.3

源 1965 年山西省侯马晋国遗址出土

入 1978 年

春秋 条形侯马盟书

No 1401092180001600137381

藏 山西博物院

原 S.2172

级 一级

类 档案文书

代 春秋

cm 长 4.6，宽 1.7

源 1965 年山西省侯马晋国遗址出土

入 1978 年

春秋 条形侯马盟书

Ⓝ 14010921800016001370064

㊉ 山西博物院

㊐ S.2173

㊉ 一级

㊉ 档案文书

㊉ 春秋

㎝ 长 3，宽 1.6

㊉ 1965 年山西省侯马晋国遗址出土

㊉ 1978 年

春秋 条形侯马盟书

Ⓝ 14010921800016001365510

㊉ 山西博物院

㊐ S.2174

㊉ 一级

㊉ 档案文书

㊉ 春秋

㎝ 长 5.5，宽 1.8

㊉ 1965 年山西省侯马晋国遗址出土

㊉ 1978 年

春秋 条形侯马盟书

Ⓝ 14010921800016001355188

㊉ 山西博物院

㊐ S.2175

㊉ 一级

㊉ 档案文书

㊉ 春秋

㎝ 长 2.4，宽 2

㊉ 1965 年山西省侯马晋国遗址出土

㊉ 1978 年

春秋 璋形侯马盟书

No 14010921800016001 37077

藏 山西博物院

原 S.2176

级 一级

类 档案文书

代 春秋

cm 长 16.3，宽 1.8

源 1965 年山西省侯马晋国遗址出土

入 1978 年

春秋 随形侯马盟书

No 14010921800016001 36284

藏 山西博物院

原 S.2190

级 一级

类 档案文书

代 春秋

cm 长 2.2，宽 2

源 1965 年山西省侯马晋国遗址出土

入 1978 年

春秋 随形侯马盟书

No 14010921800016001 35187

藏 山西博物院

原 S.2191

级 一级

类 档案文书

代 春秋

cm 长 1.4，宽 1.4

源 1965 年山西省侯马晋国遗址出土

入 1978 年

春秋 条形侯马盟书

Ⓝ 14010921800016001137149

㊨ 山西博物院

㊩ S.2260

㊉ 一级

㊌ 档案文书

㊐ 春秋

㎝ 长6，宽1.7

㊋ 1965年山西省侯马晋国遗址出土

㊟ 1978年

春秋 圭形侯马盟书

Ⓝ 14010921800016001135214

㊨ 山西博物院

㊩ S.2281

㊉ 一级

㊌ 档案文书

㊐ 春秋

㎝ 长3.6，宽1.6

㊋ 1965年山西省侯马晋国遗址出土

㊟ 1978年

春秋 圭形侯马盟书

Ⓝ 14010921800016001137298

㊨ 山西博物院

㊩ S.2282

㊉ 一级

㊌ 档案文书

㊐ 春秋

㎝ 长6，宽1.6

㊋ 1965年山西省侯马晋国遗址出土

㊟ 1978年

春秋 圭形侯马盟书

No 1401092180001600137448

藏 山西博物院

原 S.2283

级 一级

类 档案文书

代 春秋

cm 长 17.6，宽 3.3

源 1965 年山西省侯马晋国遗址出土

入 1978 年

春秋 圭形侯马盟书

No 1401092180001600137068

藏 山西博物院

原 S.2284

级 一级

类 档案文书

代 春秋

cm 长 5.8，宽 1.7

源 1965 年山西省侯马晋国遗址出土

入 1978 年

春秋 条形侯马盟书

- No 14010921800016000136291
- 藏 山西博物院
- 原 S.2285
- 级 一级
- 类 档案文书
- 代 春秋
- cm 长 4.1，宽 1.7
- 源 1965 年山西省侯马晋国遗址出土
- 入 1978 年

春秋 璋形侯马盟书

- No 14010921800016000137075
- 藏 山西博物院
- 原 S.2286
- 级 一级
- 类 档案文书
- 代 春秋
- cm 长 6.6，宽 1.6
- 源 1965 年山西省侯马晋国遗址出土
- 入 1978 年

春秋 条形侯马盟书

- No 14010921800016000136504
- 藏 山西博物院
- 原 S.2287
- 级 一级
- 类 档案文书
- 代 春秋
- cm 长 4.7，宽 1.7
- 源 1965 年山西省侯马晋国遗址出土
- 入 1978 年

春秋 条形侯马盟书

Ⓝ 14010921800016000137085

藏 山西博物院

原 S.2288

级 一级

类 档案文书

代 春秋

㎝ 长 2.5，宽 1.8

源 1965 年山西省侯马晋国遗址出土

入 1978 年

春秋 圭形侯马盟书

Ⓝ 14010921800016000137431

藏 山西博物院

原 S.2289

级 一级

类 档案文书

代 春秋

㎝ 长 4.9，宽 1.6

源 1965 年山西省侯马晋国遗址出土

入 1978 年

春秋 条形侯马盟书

Ⓝ 14010921800016000137467

藏 山西博物院

原 S.2290

级 一级

类 档案文书

代 春秋

㎝ 长 2.7，宽 1.5

源 1965 年山西省侯马晋国遗址出土

入 1978 年

春秋 圭形侯马盟书

- No 14010921800001600137404
- 藏 山西博物院
- 原 S.2327
- 级 一级
- 类 档案文书
- 代 春秋
- cm 长 21.5，宽 4.3
- 源 1965 年山西省侯马晋国遗址出土
- 入 1978 年

春秋 圭形侯马盟书

- No 14010921800001600137128
- 藏 山西博物院
- 原 S.2340
- 级 一级
- 类 档案文书
- 代 春秋
- cm 长 3.8，宽 3
- 源 1965 年山西省侯马晋国遗址出土
- 入 1978 年

春秋 条形侯马盟书

No 1401092180001600137367

藏 山西博物院

原 S.2341—¹、S.2341—²

级 一级

类 档案文书

代 春秋

cm S.2341—¹长 3.2，宽 1.4
S.2341—²长 3，宽 1

源 1965 年山西省侯马晋国遗址出土

入 1978 年

春秋 圭形侯马盟书

No 1401092180001600135630

藏 山西博物院

原 S.2342

级 一级

类 档案文书

代 春秋

cm 长 2.8，宽 1.6

源 1965 年山西省侯马晋国遗址出土

入 1978 年

春秋 条形侯马盟书

No 1401092180001600137288

藏 山西博物院

原 S.2347

级 一级

类 档案文书

代 春秋

cm 长 6.6，宽 1.8

源 1965 年山西省侯马晋国遗址出土

入 1978 年

春秋　圭形侯马盟书

Ⓝ 1401092180001600135179

🏛 山西博物院

原 S.2395

级 一级

类 档案文书

代 春秋

㎝ 长 9.7，宽 2

源 1965 年山西省侯马晋国遗址出土

入 1978 年

春秋　璋形侯马盟书

Ⓝ 1401092180001600137285

🏛 山西博物院

原 S.2403

级 一级

类 档案文书

代 春秋

㎝ 长 3.3，宽 1.5

源 1965 年山西省侯马晋国遗址出土

入 1978 年

春秋　圭形侯马盟书

Ⓝ 1401092180001600137255

🏛 山西博物院

原 S.2404

级 一级

类 档案文书

代 春秋

㎝ 长 7.8，宽 1.7

源 1965 年山西省侯马晋国遗址出土

入 1978 年

春秋 条形侯马盟书

Ⓝ 14010921800016001376 94

Ⓐ 山西博物院

Ⓞ S.2405

Ⓖ 一级

Ⓣ 档案文书

Ⓒ 春秋

Ⓜ 长 4.7，宽 2.6

Ⓢ 1965 年山西省侯马晋国遗址出土

Ⓘ 1978 年

春秋 圭形侯马盟书

Ⓝ 14010921800016001374 45

Ⓐ 山西博物院

Ⓞ S.2406

Ⓖ 一级

Ⓣ 档案文书

Ⓒ 春秋

Ⓜ 长 8.6，宽 1.5

Ⓢ 1965 年山西省侯马晋国遗址出土

Ⓘ 1978 年

春秋 圭形侯马盟书

Ⓝ 14010921800016001370 52

Ⓐ 山西博物院

Ⓞ S.2474

Ⓖ 一级

Ⓣ 档案文书

Ⓒ 春秋

Ⓜ 长 31.8，宽 3.9

Ⓢ 1965 年山西省侯马晋国遗址出土

Ⓘ 1978 年

春秋 圭形侯马盟书

- No 1401092180001600137495
- 藏 山西博物院
- 原 S.2475
- 级 一级
- 类 档案文书
- 代 春秋
- cm 长 27.5，宽 2.4
- 源 1965 年山西省侯马晋国遗址出土
- 入 1978 年

春秋 圭形侯马盟书

- No 1401092180001600137278
- 藏 山西博物院
- 原 S.2476
- 级 一级
- 类 档案文书
- 代 春秋
- cm 长 25.8，宽 3
- 源 1965 年山西省侯马晋国遗址出土
- 入 1978 年

春秋 圭形侯马盟书

- No 14010921800016001137653
- 藏 山西博物院
- 原 S.2477
- 级 一级
- 类 档案文书
- 代 春秋
- cm 长 26.2，宽 3.2
- 源 1965 年山西省侯马晋国遗址出土
- 入 1978 年

春秋 圭形侯马盟书

- No 14010921800016001137096
- 藏 山西博物院
- 原 S.2478
- 级 一级
- 类 档案文书
- 代 春秋
- cm 长 25.8，宽 4
- 源 1965 年山西省侯马晋国遗址出土
- 入 1978 年

春秋 条形侯马盟书

Ⓝ 14010921800016000137330

藏 山西博物院

原 S.2479

级 一级

类 档案文书

代 春秋

cm 长 17.9，宽 2.8

源 1965 年山西省侯马晋国遗址出土

入 1978 年

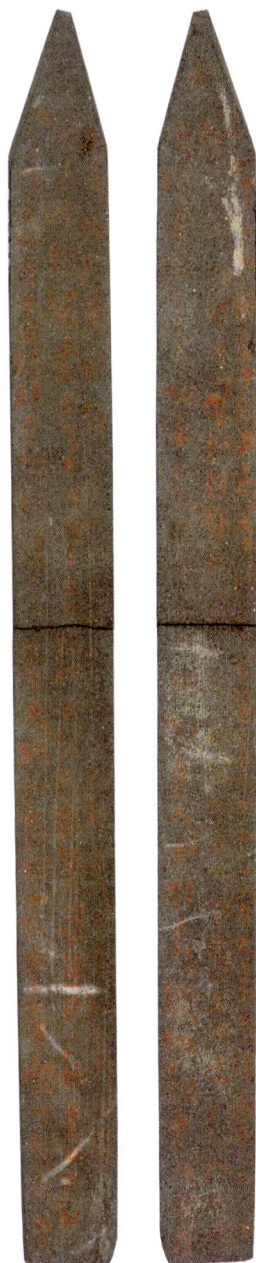

春秋 圭形侯马盟书

Ⓝ 14010921800016000134647

藏 山西博物院

原 S.2480

级 一级

类 档案文书

代 春秋

cm 长 18.7，宽 1.5

源 1965 年山西省侯马晋国遗址出土

入 1978 年

春秋 圭形侯马盟书

Ⓝ 14010921800016000137101

藏 山西博物院

原 S.2481

级 一级

类 档案文书

代 春秋

cm 长 15.5，宽 2.2

源 1965 年山西省侯马晋国遗址出土

入 1978 年

春秋 圭形侯马盟书

- No 14010921800016001363313
- 藏 山西博物院
- 原 S.2482
- 级 一级
- 类 档案文书
- 代 春秋
- cm 长 14，宽 1.7
- 源 1965 年山西省侯马晋国遗址出土
- 入 1978 年

春秋 条形侯马盟书

- No 14010921800016001370094
- 藏 山西博物院
- 原 S.2483
- 级 一级
- 类 档案文书
- 代 春秋
- cm 长 2.5，宽 3.1
- 源 1965 年山西省侯马晋国遗址出土
- 入 1978 年

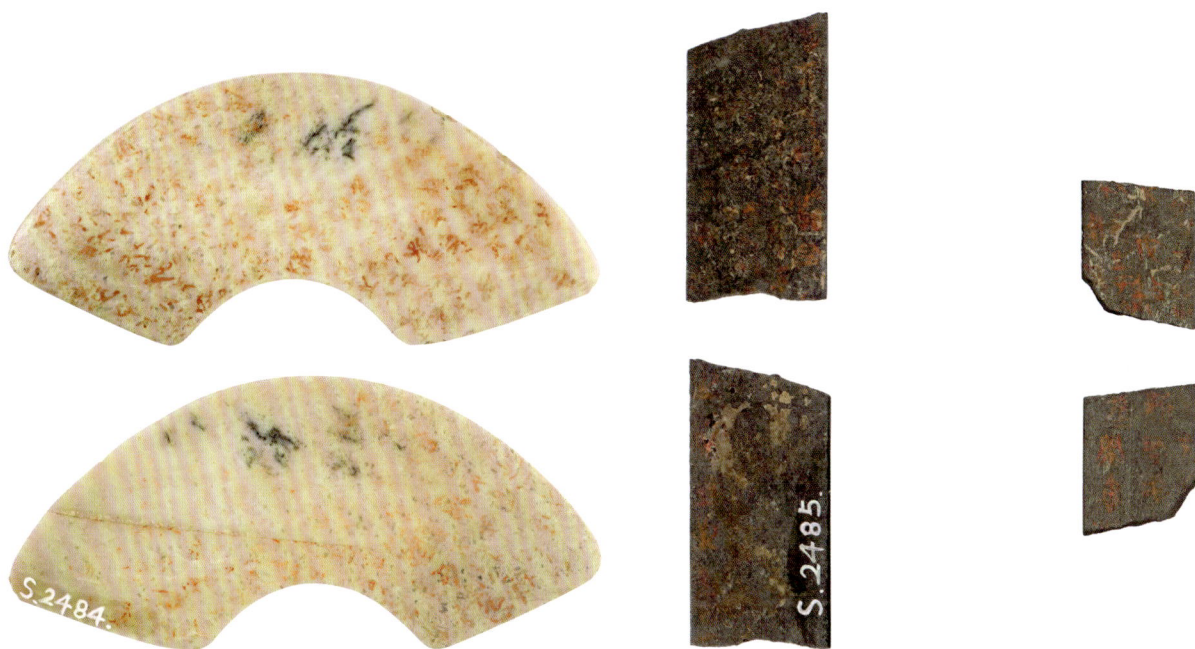

春秋 璜形侯马盟书

ⓃＯ 140109218000160058676

㊙ 山西博物院

㊡ S.2484

㊢ 一级

㊣ 档案文书

㊤ 春秋

㎝ 长 8，宽 2.8

㊥ 1965 年山西省侯马晋国遗址出土

㊦ 1978 年

春秋 条形侯马盟书

ⓃＯ 140109218000160137092

㊙ 山西博物院

㊡ S.2485

㊢ 一级

㊣ 档案文书

㊤ 春秋

㎝ 长 3.9，宽 2

㊥ 1965 年山西省侯马晋国遗址出土

㊦ 1978 年

春秋 条形侯马盟书

ⓃＯ 140109218000160137346

㊙ 山西博物院

㊡ S.2501

㊢ 一级

㊣ 档案文书

㊤ 春秋

㎝ 长 1.9，宽 1.6

㊥ 1965 年山西省侯马晋国遗址出土

㊦ 1978 年

春秋 圭形侯马盟书

No 14010921800016001373368

藏 山西博物院

原 S.2502

级 一级

类 档案文书

代 春秋

cm 长 11，宽 1.7

源 1965 年山西省侯马晋国遗址出土

入 1978 年

春秋 圭形侯马盟书

No 14010921800016001135641

藏 山西博物院

原 S.2503

级 一级

类 档案文书

代 春秋

cm 长 17.4，宽 3

源 1965 年山西省侯马晋国遗址出土

入 1978 年

春秋 璋形侯马盟书

Ⓝ 14010921800016000137492

Ⓐ 山西博物院

Ⓞ S.2504

Ⓖ 一级

Ⓣ 档案文书

Ⓓ 春秋

㎝ 长 3.1，宽 1.7

Ⓢ 1965 年山西省侯马晋国遗址出土

Ⓡ 1978 年

春秋 条形侯马盟书

Ⓝ 14010921800016000137372

Ⓐ 山西博物院

Ⓞ S.2505

Ⓖ 一级

Ⓣ 档案文书

Ⓓ 春秋

㎝ 长 3.3，宽 1.6

Ⓢ 1965 年山西省侯马晋国遗址出土

Ⓡ 1978 年

春秋 条形侯马盟书

Ⓝ 14010921800016000137447

Ⓐ 山西博物院

Ⓞ S.2506

Ⓖ 一级

Ⓣ 档案文书

Ⓓ 春秋

㎝ 长 3.2，宽 1.5

Ⓢ 1965 年山西省侯马晋国遗址出土

Ⓡ 1978 年

春秋　条形侯马盟书

No 14010921800016001373O5

藏 山西博物院

原 S.2507

级 一级

类 档案文书

代 春秋

cm 长 9.3，宽 1.7

源 1965 年山西省侯马晋国遗址出土

入 1978 年

春秋　条形侯马盟书

No 14010921800016001373S8

藏 山西博物院

原 S.2508

级 一级

类 档案文书

代 春秋

cm 长 6.4，宽 1.6

源 1965 年山西省侯马晋国遗址出土

入 1978 年

春秋　条形侯马盟书

No 14010921800016001376S7

藏 山西博物院

原 S.2509

级 一级

类 档案文书

代 春秋

cm 长 5.5，宽 1.7

源 1965 年山西省侯马晋国遗址出土

入 1978 年

春秋 璋形侯马盟书

No 140109218000160013713 —

藏 山西博物院

原 S.2512

级 一级

类 档案文书

代 春秋

cm 长 21.8，宽 1.7

源 1965 年山西省侯马晋国遗址出土

入 1978 年

春秋 璋形侯马盟书

No 140109218000160013755 —

藏 山西博物院

原 S.2513

级 一级

类 档案文书

代 春秋

cm 长 18.1，宽 1.6

源 1965 年山西省侯马晋国遗址出土

入 1978 年

春秋 条形侯马盟书

No 140109218000160013714 —

藏 山西博物院

原 S.2514

级 一级

类 档案文书

代 春秋

cm 长 8.4，宽 1.8

源 1965 年山西省侯马晋国遗址出土

入 1978 年

春秋 条形侯马盟书

No 1401092180001600137284

藏 山西博物院

原 S.2515

级 一级

类 档案文书

代 春秋

cm 长 4.7，宽 2.1

源 1965 年山西省侯马晋国遗址出土

入 1978 年

春秋 条形侯马盟书

No 1401092180001600137517

藏 山西博物院

原 S.2516

级 一级

类 档案文书

代 春秋

cm 长 3.3，宽 1.3

源 1965 年山西省侯马晋国遗址出土

入 1978 年

春秋 条形侯马盟书

No 1401092180001600137093

藏 山西博物院

原 S.2517

级 一级

类 档案文书

代 春秋

cm 长 5.1，宽 1.3

源 1965 年山西省侯马晋国遗址出土

入 1978 年

春秋 条形侯马盟书

- ⓃⓄ 14010921800016000136299
- ⓐ 山西博物院
- ⓞ S.2518
- ⓖ 一级
- ⓛ 档案文书
- ⓓ 春秋
- ⓒⓜ 长 6.4，宽 1.7
- ⓢ 1965 年山西省侯马晋国遗址出土
- ⓐ 1978 年

春秋 璋形侯马盟书

- ⓃⓄ 14010921800016000137493
- ⓐ 山西博物院
- ⓞ S.2519
- ⓖ 一级
- ⓛ 档案文书
- ⓓ 春秋
- ⓒⓜ 长 9.2，宽 1.6
- ⓢ 1965 年山西省侯马晋国遗址出土
- ⓐ 1978 年

春秋 圭形侯马盟书

- ⓃⓄ 14010921800016000127214
- ⓐ 山西博物院
- ⓞ S.2531
- ⓖ 一级
- ⓛ 档案文书
- ⓓ 春秋
- ⓒⓜ 长 16.7，宽 3.2
- ⓢ 1965 年山西省侯马晋国遗址出土
- ⓐ 1978 年

春秋 圭形侯马盟书

ⓃⓄ 14010921800016001372 59

藏 山西博物院

原 S.2532

级 一级

类 档案文书

代 春秋

cm 长 14.9，宽 1.4

源 1965 年山西省侯马晋国遗址出土

入 1978 年

春秋 条形侯马盟书

ⓃⓄ 140109218000160013727 1

藏 山西博物院

原 S.2533

级 一级

类 档案文书

代 春秋

cm 长 3.4，宽 1.7

源 1965 年山西省侯马晋国遗址出土

入 1978 年

春秋 条形侯马盟书

ⓃⓄ 140109218000160013652 6

藏 山西博物院

原 S.2541

级 一级

类 档案文书

代 春秋

cm 长 5.7，宽 1.7

源 1965 年山西省侯马晋国遗址出土

入 1978 年

春秋 圭形侯马盟书

No 14010921800016001 37408

藏 山西博物院

原 S.2647

级 一级

类 档案文书

代 春秋

cm 长 5.2，宽 1.6

源 1965 年山西省侯马晋国遗址出土

入 1978 年

春秋 条形侯马盟书

No 14010921800016001 36326

藏 山西博物院

原 S.2648

级 一级

类 档案文书

代 春秋

cm 长 3.4，宽 1.7

源 1965 年山西省侯马晋国遗址出土

入 1978 年

春秋 条形侯马盟书

No 14010921800016001 37542

藏 山西博物院

原 S.2649

级 一级

类 档案文书

代 春秋

cm 长 4.2，宽 1.6

源 1965 年山西省侯马晋国遗址出土

入 1978 年

春秋 圭形侯马盟书

No 14010921800016001372151

藏 山西博物院

原 S.2651

级 一级

类 档案文书

代 春秋

cm 长 14.6，宽 4.5

源 1965 年山西省侯马晋国遗址出土

入 1978 年

春秋 圭形侯马盟书

No 14010921800016001374601

藏 山西博物院

原 S.2195

级 一级

类 档案文书

代 春秋

cm 长 18，宽 1.5

源 1965 年山西省侯马晋国遗址出土

入 1978 年

春秋 圭形侯马盟书

No 14010921800016000137473

藏 山西博物院

原 S.2196

级 一级

类 档案文书

代 春秋

cm 长 18.5，宽 1.8

源 1965 年山西省侯马晋国遗址出土

入 1978 年

春秋 圭形侯马盟书

No 14010921800016000135611

藏 山西博物院

原 S.2197

级 一级

类 档案文书

代 春秋

cm 长 17.7，宽 1.5

源 1965 年山西省侯马晋国遗址出土

入 1978 年

春秋 圭形侯马盟书

No 14010921800016000135618

藏 山西博物院

原 S.2198

级 一级

类 档案文书

代 春秋

cm 长 16.9，宽 1.6

源 1965 年山西省侯马晋国遗址出土

入 1978 年

春秋 圭形侯马盟书

No 1401092180001600137299

藏 山西博物院

原 S.2199

级 一级

类 档案文书

代 春秋

cm 长 16.4，宽 1.6

源 1965 年山西省侯马晋国遗址出土

入 1978 年

春秋 圭形侯马盟书

No 1401092180001600136499

藏 山西博物院

原 S.2200

级 一级

类 档案文书

代 春秋

cm 长 14.4，宽 1.5

源 1965 年山西省侯马晋国遗址出土

入 1978 年

春秋 圭形侯马盟书

No 1401092180001600137455

藏 山西博物院

原 S.2201

级 一级

类 档案文书

代 春秋

cm 长 22.3，宽 1.6

源 1965 年山西省侯马晋国遗址出土

入 1978 年

春秋 圭形侯马盟书

No 14010921800016000135622

藏 山西博物院

原 S.2202

级 一级

类 档案文书

代 春秋

cm 长 20.7，宽 1.65

源 1965 年山西省侯马晋国遗址出土

入 1978 年

春秋 圭形侯马盟书

No 14010921800016000137481

藏 山西博物院

原 S.2203

级 一级

类 档案文书

代 春秋

cm 长 19.8，宽 1.55

源 1965 年山西省侯马晋国遗址出土

入 1978 年

春秋 圭形侯马盟书

No 14010921800016000135193

藏 山西博物院

原 S.2204

级 一级

类 档案文书

代 春秋

cm 长 18,3，宽 1.6

源 1965 年山西省侯马晋国遗址出土

入 1978 年

春秋 条形侯马盟书

- No 1401092180001600137364
- 藏 山西博物院
- 原 S.2205
- 级 一级
- 类 档案文书
- 代 春秋
- cm 长 17.5，宽 1.6
- 源 1965 年山西省侯马晋国遗址出土
- 入 1978 年

春秋 圭形侯马盟书

- No 1401092180001600137429
- 藏 山西博物院
- 原 S.2206
- 级 一级
- 类 档案文书
- 代 春秋
- cm 长 17.6，宽 1.7
- 源 1965 年山西省侯马晋国遗址出土
- 入 1978 年

春秋 圭形侯马盟书

- No 1401092180001600137477
- 藏 山西博物院
- 原 S.2207
- 级 一级
- 类 档案文书
- 代 春秋
- cm 长 21.5，宽 1.55
- 源 1965 年山西省侯马晋国遗址出土
- 入 1978 年

春秋 圭形侯马盟书

- ⓃⓄ 14010921800016001 36290
- 藏 山西博物院
- 原 S.2208
- 级 一级
- 类 档案文书
- 代 春秋
- cm 长 20.9，宽 1.4
- 源 1965 年山西省侯马晋国遗址出土
- 入 1978 年

春秋 圭形侯马盟书

- ⓃⓄ 14010921800016001 36315
- 藏 山西博物院
- 原 S.2209
- 级 一级
- 类 档案文书
- 代 春秋
- cm 长 20，宽 1.6
- 源 1965 年山西省侯马晋国遗址出土
- 入 1978 年

春秋 圭形侯马盟书

- ⓃⓄ 14010921800016001 34646
- 藏 山西博物院
- 原 S.2210
- 级 一级
- 类 档案文书
- 代 春秋
- cm 长 19，宽 1.7
- 源 1965 年山西省侯马晋国遗址出土
- 入 1978 年

春秋　圭形侯马盟书

No 1401092180001600137412

藏 山西博物院

原 S.2211

级 一级

类 档案文书

代 春秋

cm 长 17.3，宽 1.8

源 1965 年山西省侯马晋国遗址出土

入 1978 年

春秋　圭形侯马盟书

No 1401092180001600137396

藏 山西博物院

原 S.2212

级 一级

类 档案文书

代 春秋

cm 长 15.2，宽 1.6

源 1965 年山西省侯马晋国遗址出土

入 1978 年

春秋　圭形侯马盟书

No 1401092180001600137306

藏 山西博物院

原 S.2213

级 一级

类 档案文书

代 春秋

cm 长 22.5，宽 1.6

源 1965 年山西省侯马晋国遗址出土

入 1978 年

春秋 圭形侯马盟书

No 14010921800016000127022

藏 山西博物院

原 S.2214

级 一级

类 档案文书

代 春秋

cm 长 21，宽 1.7

源 1965 年山西省侯马晋国遗址出土

入 1978 年

春秋 圭形侯马盟书

No 14010921800016000126956

藏 山西博物院

原 S.2215

级 一级

类 档案文书

代 春秋

cm 长 20，宽 1.5

源 1965 年山西省侯马晋国遗址出土

入 1978 年

春秋 圭形侯马盟书

No 14010921800016000137544

藏 山西博物院

原 S.2216

级 一级

类 档案文书

代 春秋

cm 长 18.6，宽 1.7

源 1965 年山西省侯马晋国遗址出土

入 1978 年

春秋 圭形侯马盟书

No 1401092180001600137466

藏 山西博物院

原 S.2217

级 一级

类 档案文书

代 春秋

cm 长 17.8，宽 1.8

源 1965 年山西省侯马晋国遗址出土

入 1978 年

春秋 圭形侯马盟书

No 1401092180001600137458

藏 山西博物院

原 S.2218

级 一级

类 档案文书

代 春秋

cm 长 17.2，宽 1.6

源 1965 年山西省侯马晋国遗址出土

入 1978 年

春秋 圭形侯马盟书

No 1401092180001600137383

藏 山西博物院

原 S.2219

级 一级

类 档案文书

代 春秋

cm 长 20，宽 1.6

源 1965 年山西省侯马晋国遗址出土

入 1978 年

春秋 圭形侯马盟书

No 14010921800016001365O9

藏 山西博物院

原 S.2220

级 一级

类 档案文书

代 春秋

cm 长 19.6，宽 1.8

源 1965 年山西省侯马晋国遗址出土

入 1978 年

春秋 圭形侯马盟书

No 14010921800016001373B1

藏 山西博物院

原 S.2221

级 一级

类 档案文书

代 春秋

cm 长 19.5，宽 1.8

源 1965 年山西省侯马晋国遗址出土

入 1978 年

春秋 条形侯马盟书

No 14010921800016001375OO

藏 山西博物院

原 S.2222

级 一级

类 档案文书

代 春秋

cm 长 19.6，宽 1.7

源 1965 年山西省侯马晋国遗址出土

入 1978 年

春秋　圭形侯马盟书

No 14010921800016 00137476

藏 山西博物院

原 S.2223

级 一级

类 档案文书

代 春秋

cm 长 18.3，宽 1.6

源 1965 年山西省侯马晋国遗址出土

入 1978 年

春秋　条形侯马盟书

No 14010921800016 00137059

藏 山西博物院

原 S.2224

级 一级

类 档案文书

代 春秋

cm 长 17，宽 1.6

源 1965 年山西省侯马晋国遗址出土

入 1978 年

春秋　圭形侯马盟书

No 14010921800016 00137318

藏 山西博物院

原 S.2225

级 一级

类 档案文书

代 春秋

cm 长 19.7，宽 1.6

源 1965 年山西省侯马晋国遗址出土

入 1978 年

春秋 圭形侯马盟书

No 14010921800016000136283

藏 山西博物院

原 S.2226

级 一级

类 档案文书

代 春秋

cm 长 19，宽 1.5

源 1965 年山西省侯马晋国遗址出土

入 1978 年

春秋 圭形侯马盟书

No 14010921800016000137409

藏 山西博物院

原 S.2227

级 一级

类 档案文书

代 春秋

cm 长 17.9，宽 1.7

源 1965 年山西省侯马晋国遗址出土

入 1978 年

春秋 圭形侯马盟书

No 14010921800016000137145

藏 山西博物院

原 S.2228

级 一级

类 档案文书

代 春秋

cm 长 17.6，宽 1.6

源 1965 年山西省侯马晋国遗址出土

入 1978 年

春秋 圭形侯马盟书

No 1401092180001600136529

藏 山西博物院

原 S.2229

级 一级

类 档案文书

代 春秋

cm 长 15，宽 1.5

源 1965 年山西省侯马晋国遗址出土

入 1978 年

春秋 圭形侯马盟书

No 1401092180001600137083

藏 山西博物院

原 S.2230

级 一级

类 档案文书

代 春秋

cm 长 15.3，宽 1.6

源 1965 年山西省侯马晋国遗址出土

入 1978 年

春秋 圭形侯马盟书

No 1401092180001600137480

藏 山西博物院

原 S.2231

级 一级

类 档案文书

代 春秋

cm 长 13.2，宽 1.4

源 1965 年山西省侯马晋国遗址出土

入 1978 年

春秋　圭形侯马盟书

No 14010921800016600137322

藏 山西博物院

原 S.2232

级 一级

类 档案文书

代 春秋

cm 长 9.4，宽 1.2

源 1965 年山西省侯马晋国遗址出土

入 1978 年

春秋　圭形侯马盟书

No 14010921800016600137091

藏 山西博物院

原 S.2233

级 一级

类 档案文书

代 春秋

cm 长 7.4，宽 1.6

源 1965 年山西省侯马晋国遗址出土

入 1978 年

春秋　圭形侯马盟书

No 14010921800016600137373

藏 山西博物院

原 S.2234

级 一级

类 档案文书

代 春秋

cm 长 7.5，宽 1.4

源 1965 年山西省侯马晋国遗址出土

入 1978 年

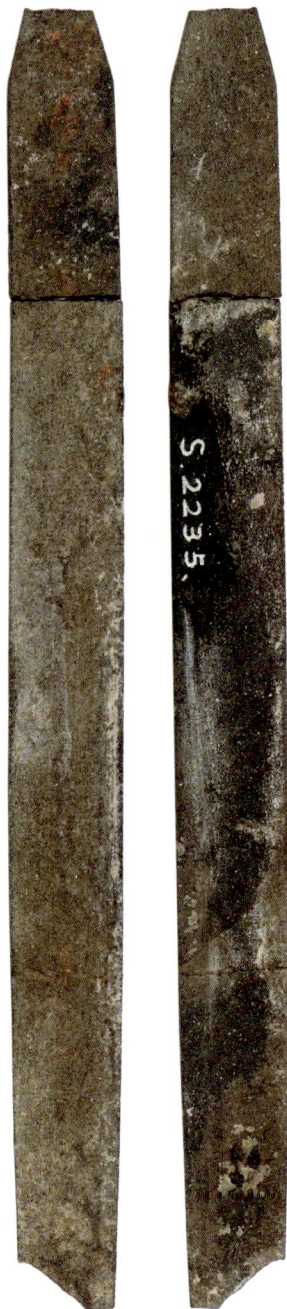

春秋　圭形侯马盟书

No 14010921800016001377677

藏 山西博物院

原 S.2235

级 一级

类 档案文书

代 春秋

cm 长 17.3，宽 1.6

源 1965 年山西省侯马晋国遗址出土

入 1978 年

春秋　圭形侯马盟书

No 14010921800016001377736

藏 山西博物院

原 S.2236

级 一级

类 档案文书

代 春秋

cm 长 17.2，宽 1.6

源 1965 年山西省侯马晋国遗址出土

入 1978 年

春秋 圭形侯马盟书

No 14010921800016001365 19

藏 山西博物院

原 S.2237

级 一级

类 档案文书

代 春秋

cm 长 16.2，宽 1.7

源 1965 年山西省侯马晋国遗址出土

入 1978 年

春秋 圭形侯马盟书

No 14010921800016001374 74

藏 山西博物院

原 S.2238

级 一级

类 档案文书

代 春秋

cm 长 14.6，宽 1.5

源 1965 年山西省侯马晋国遗址出土

入 1978 年

春秋 圭形侯马盟书

- ⓝ 14010921800016001374940
- ⓐ 山西博物院
- ⓞ S.2239
- ⓖ 一级
- ⓣ 档案文书
- ⓓ 春秋
- ⓒ 长 20.7，宽 1.6
- ⓢ 1965 年山西省侯马晋国遗址出土
- ⓡ 1978 年

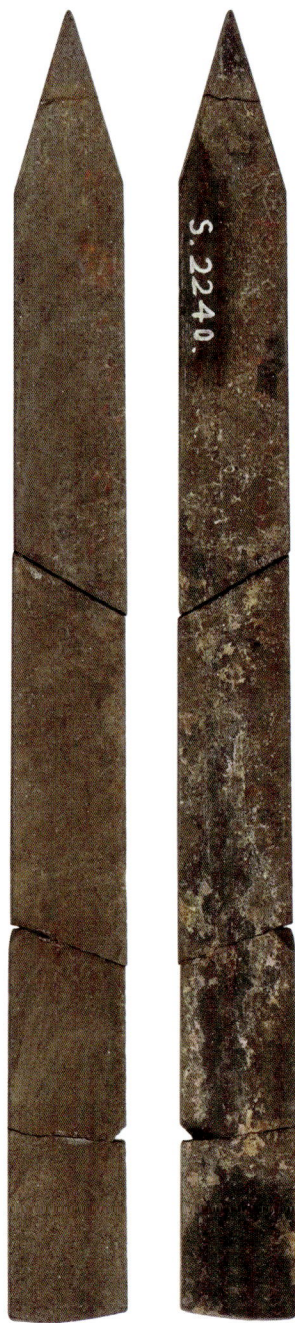

春秋 圭形侯马盟书

- ⓝ 14010921800016001370500
- ⓐ 山西博物院
- ⓞ S.2240
- ⓖ 一级
- ⓣ 档案文书
- ⓓ 春秋
- ⓒ 长 20.3，宽 1.8
- ⓢ 1965 年山西省侯马晋国遗址出土
- ⓡ 1978 年

春秋 圭形侯马盟书

No 14010921800016000136546

藏 山西博物院

原 S.2241

级 一级

类 档案文书

代 春秋

cm 长 18.6，宽 1.6

源 1965 年山西省侯马晋国遗址出土

入 1978 年

春秋 圭形侯马盟书

No 14010921800016000136515

藏 山西博物院

原 S.2242

级 一级

类 档案文书

代 春秋

cm 长 20，宽 1.6

源 1965 年山西省侯马晋国遗址出土

入 1978 年

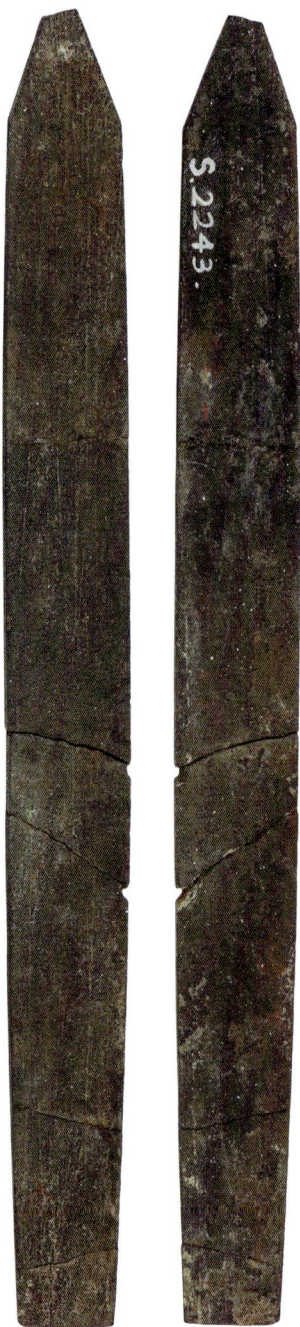

春秋 圭形侯马盟书

㊉ 14010921800016001135203

藏 山西博物院

原 S.2243

级 一级

类 档案文书

代 春秋

cm 长 19.7，宽 1.9

源 1965 年山西省侯马晋国遗址出土

入 1978 年

春秋 圭形侯马盟书

㊉ 14010921800016001135209

藏 山西博物院

原 S.2244

级 一级

类 档案文书

代 春秋

cm 长 17.9，宽 1.6

源 1965 年山西省侯马晋国遗址出土

入 1978 年

春秋 圭形侯马盟书

- No 14010921800016001373**60**
- 藏 山西博物院
- 原 S.2245
- 级 一级
- 类 档案文书
- 代 春秋
- cm 长 17.3，宽 1.6
- 源 1965 年山西省侯马晋国遗址出土
- 入 1978 年

春秋 圭形侯马盟书

- No 14010921800016001373**74**
- 藏 山西博物院
- 原 S.2246
- 级 一级
- 类 档案文书
- 代 春秋
- cm 长 14.8，宽 1.5
- 源 1965 年山西省侯马晋国遗址出土
- 入 1978 年

春秋 圭形侯马盟书

🆔 1401092180001600137282

🏛 山西博物院

原 S.2247

级 一级

类 档案文书

代 春秋

📏 长 14.5，宽 1.7

源 1965 年山西省侯马晋国遗址出土

入 1978 年

春秋 圭形侯马盟书

🆔 1401092180001600137437

🏛 山西博物院

原 S.2248

级 一级

类 档案文书

代 春秋

📏 长 8.4，宽 1.7

源 1965 年山西省侯马晋国遗址出土

入 1978 年

春秋 圭形侯马盟书

🆔 1401092180001600135194

🏛 山西博物院

原 S.2249

级 一级

类 档案文书

代 春秋

📏 长 8，宽 1.4

源 1965 年山西省侯马晋国遗址出土

入 1978 年

春秋 圭形侯马盟书

No 14010921800016001 37250

藏 山西博物院

原 S.2250

级 一级

类 档案文书

代 春秋

cm 长 12.8，宽 1.7

源 1965 年山西省侯马晋国遗址出土

入 1978 年

春秋 圭形侯马盟书

No 14010921800016001 37249

藏 山西博物院

原 S.2251

级 一级

类 档案文书

代 春秋

cm 长 13.5，宽 1.4

源 1965 年山西省侯马晋国遗址出土

入 1978 年

春秋 条形侯马盟书

- No 1401092180001600137399
- 藏 山西博物院
- 原 S.2437
- 级 一级
- 类 档案文书
- 代 春秋
- cm 长 14，宽 2.2
- 源 1965 年山西省侯马晋国遗址出土
- 入 1978 年

春秋 条形侯马盟书

- No 1401092180001600137332
- 藏 山西博物院
- 原 S.2438
- 级 一级
- 类 档案文书
- 代 春秋
- cm 长 12.8，宽 1.4
- 源 1965 年山西省侯马晋国遗址出土
- 入 1978 年

春秋 条形侯马盟书

- No 1401092180001600127167
- 藏 山西博物院
- 原 S.2439
- 级 一级
- 类 档案文书
- 代 春秋
- cm 长 5.7，宽 1.3
- 源 1965 年山西省侯马晋国遗址出土
- 入 1978 年

春秋 璧形侯马盟书

- No 1401092180001600137432
- 藏 山西博物院
- 原 S.2654
- 级 一级
- 类 档案文书
- 代 春秋
- cm 径 12.6，宽 3.5
- 源 1965 年山西省侯马晋国遗址出土
- 入 1978 年

春秋 随形侯马盟书

- No 1401092180001600137069
- 藏 山西博物院
- 原 S.2655
- 级 一级
- 类 档案文书
- 代 春秋
- cm 长 15.3，宽 8.2
- 源 1965 年山西省侯马晋国遗址出土
- 入 1978 年

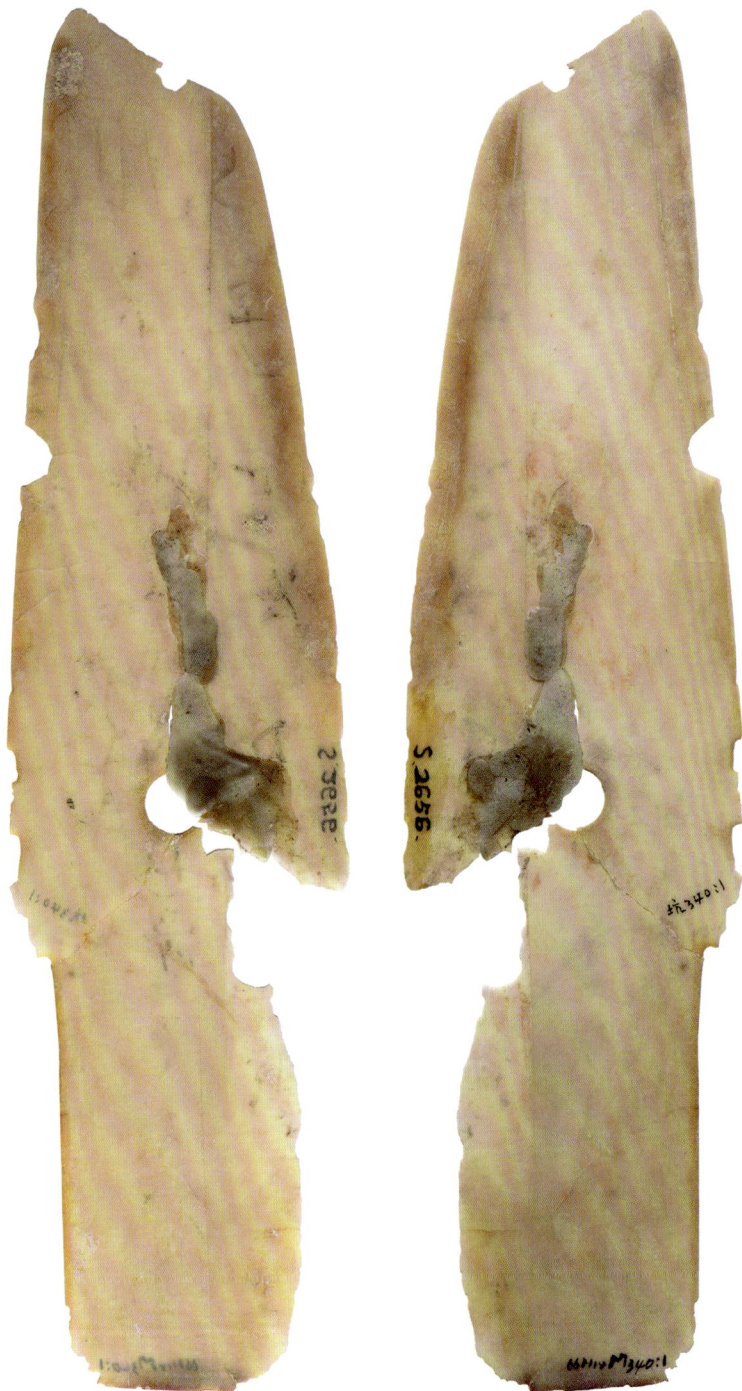

春秋 圭形侯马盟书

No 14010921800016001 37547

藏 山西博物院

原 S.2656

级 一级

类 档案文书

代 春秋

cm 长 24.5，宽 6.1

源 1965 年山西省侯马晋国遗址出土

入 1978 年

春秋 条形侯马盟书

No 14010921800016001 37095

藏 山西博物院

原 S.2326

级 一级

类 档案文书

代 春秋

cm 长 6.7，宽 1.8

源 1965 年山西省侯马晋国遗址出土

入 1978 年

春秋　璋形侯马盟书

- No 14010921800016001375509
- 藏 山西博物院
- 原 S.2520
- 级 一级
- 类 档案文书
- 代 春秋
- cm 长 5.2，宽 1.6
- 源 1965 年山西省侯马晋国遗址出土
- 入 1978 年

春秋　条形侯马盟书

- No 14010921800016001377649
- 藏 山西博物院
- 原 S.2652
- 级 一级
- 类 档案文书
- 代 春秋
- cm 长 4.6，宽 1.7
- 源 1965 年山西省侯马晋国遗址出土
- 入 1978 年

春秋　圭形侯马盟书

- No 14010921800016001377074
- 藏 山西博物院
- 原 S.2252
- 级 一级
- 类 档案文书
- 代 春秋
- cm 长 13.7，宽 1.5
- 源 1965 年山西省侯马晋国遗址出土
- 入 1978 年